Hamadi Hasni

Résolution du Problème de Découpe Guillotine

Hamza Gharsellaoui
Hamadi Hasni

Résolution du Problème de Découpe Guillotine

Résolution du Problème de découpe guillotine par
une méthode génétique hybride

Éditions universitaires européennes

Mentions légales / Imprint (applicable pour l'Allemagne seulement / only for Germany)
Information bibliographique publiée par la Deutsche Nationalbibliothek: La Deutsche Nationalbibliothek inscrit cette publication à la Deutsche Nationalbibliografie; des données bibliographiques détaillées sont disponibles sur internet à l'adresse http://dnb.d-nb.de.
Toutes marques et noms de produits mentionnés dans ce livre demeurent sous la protection des marques, des marques déposées et des brevets, et sont des marques ou des marques déposées de leurs détenteurs respectifs. L'utilisation des marques, noms de produits, noms communs, noms commerciaux, descriptions de produits, etc, même sans qu'ils soient mentionnés de façon particulière dans ce livre ne signifie en aucune façon que ces noms peuvent être utilisés sans restriction à l'égard de la législation pour la protection des marques et des marques déposées et pourraient donc être utilisés par quiconque.

Photo de la couverture: www.ingimage.com

Editeur: Éditions universitaires européennes est une marque déposée de
Südwestdeutscher Verlag für Hochschulschriften GmbH & Co. KG
Heinrich-Böcking-Str. 6-8, 66121 Sarrebruck, Allemagne
Téléphone +49 681 37 20 271-1, Fax +49 681 37 20 271-0
Email: info@editions-ue.com

Produit en Allemagne:
Schaltungsdienst Lange o.H.G., Berlin
Books on Demand GmbH, Norderstedt
Reha GmbH, Saarbrücken
Amazon Distribution GmbH, Leipzig
ISBN: 978-3-8417-8913-6

Imprint (only for USA, GB)
Bibliographic information published by the Deutsche Nationalbibliothek: The Deutsche Nationalbibliothek lists this publication in the Deutsche Nationalbibliografie; detailed bibliographic data are available in the Internet at http://dnb.d-nb.de.
Any brand names and product names mentioned in this book are subject to trademark, brand or patent protection and are trademarks or registered trademarks of their respective holders. The use of brand names, product names, common names, trade names, product descriptions etc. even without a particular marking in this works is in no way to be construed to mean that such names may be regarded as unrestricted in respect of trademark and brand protection legislation and could thus be used by anyone.

Cover image: www.ingimage.com

Publisher: Éditions universitaires européennes is an imprint of the publishing house
Südwestdeutscher Verlag für Hochschulschriften GmbH & Co. KG
Heinrich-Böcking-Str. 6-8, 66121 Saarbrücken, Germany
Phone +49 681 3720-310, Fax +49 681 3720-3109
Email: info@editions-ue.com

Printed in the U.S.A.
Printed in the U.K. by (see last page)
ISBN: 978-3-8417-8913-6

Table des matières

Liste des tableaux et des figures

Introduction Générale

L'industrie comprend un très grand nombre de problèmes de nature combinatoire et qui nécessitent donc une résolution informatique. Parmi ces problèmes on cite par exemple la gestion des ressources, les problèmes de transport, les problèmes de découpe ...

L'optimisation de consommation en matière première est l'objectif de toutes les industries, ces dernières cherchent toujours des méthodes efficaces pour aboutir à cet objectif.

Le problème de découpe occupe sa place dans l'industrie et devient un sujet de recherche en optimisation combinatoire.

L'idée générale de ce type de problèmes est de découper un ensemble de pièces à partir d'une plaque en s'appuyant sur des exemplaires de pièces existantes tout en minimisant la chute de matière première (plaque).

C'est sur ce dernier problème qu'on met le point dans notre travail.

Les méthodes approchées sont les solutions adéquates à ce genre de problèmes. En particulier, les métaheuristiques qui ont connu un très grand succès et qui montrent de jour en jour leur efficacité et qui ont l'avantage d'être plus générales que les heuristiques.

La plupart des problèmes de ce genre ne sont pas traités de façon exacte c'est-à-dire qu'on ne tente pas à chercher toutes les solutions possibles pour aboutir à la meilleure, ce qui nous amène à utiliser une méthode approchée pour résoudre ce problème.

Ce rapport est organisé en 4 chapitres.

Dans le premier chapitre, nous abordons l'étude théorique du problème où nous parlons de l'aspect théorique du problème et sa modélisation mathématique et quelques travaux dans la littérature.

Dans le deuxième chapitre, nous définissons les algorithmes génétiques comme méthodes récentes pour résoudre ce problème et leur impact sur la qualité des solutions.

Dans le troisième chapitre, nous détaillerons notre propre solution présentant les principaux acteurs qui interviennent dans la résolution du problème à l'aide d'un algorithme hybride qui combine les algorithmes génétiques et l'algorithme tabou.

Nous finirons par l'étude expérimentale où nous présenterons quelques statistiques qui permettent de choisir les meilleurs paramètres pour notre algorithme et les tests faits pour prouver l'efficacité de notre approche.

CHAPITRE 1

Les Problèmes de découpe et de placement : Etat de l'art

Cette partie est une description de certains types de problèmes de découpes et de placement « CP » « cutting and packing ». Ensuite, nous introduisons la notion de la contrainte guillotine en présentant une caractérisation analytique de cette contrainte.

Nous mettons encore l'accent, sur la notion de la complexité des algorithmes, puis une présentation de quelques problèmes de découpes et les solutions envisagées, est faite en insistant particulièrement sur celles développées dans le cas de découpe à deux dimensions.

I.1. Introduction :

Les problèmes de découpe occupent quotidiennement les points d'intérêts de la majorité écrasante de tous les secteurs industriels comme le textile, la confection, la métallurgie, l'industrie de bois, l'industrie de verre et l'industrie papetière.

Selon le contexte, ils peuvent avoir plusieurs formes et des différentes contraintes à satisfaire. Ces contraintes sont dues d'une part, aux problèmes de base imposés par la matière première ou l'objectif désiré par l'industrie ou d'autre part à une combinaison de deux ou plusieurs de ces problèmes de base.

Un problème de découpe consiste en général à découper un certain nombre de morceaux de petites tailles appelées « pièces » à partir d'un matériau brut de grande taille. L'objectif consiste à retenir, parmi l'ensemble de toutes les solutions présentées, celle qui minimise (ou maximise) un critère donné. Le critère considéré étant celui qui nous donne une optimisation de la perte de matière engendrée lors des découpes, c'est à dire, une minimisation des chutes.

Dans un tel cas, et ce qui est d'ailleurs souvent le cas ; s'il s'agit de découper un ensemble de pièces d'une commande à partir d'un matériau qui se présente sous forme d'une bande de largeur fixe et de hauteur infinie, minimiser les pertes est équivalent à minimiser la hauteur totale utilisée (de la bande) pour satisfaire la commande tout en tenant compte des contraintes multiples imposées par les spécificités des applications réelles.

I.2. Diversités des problèmes de découpe :

I.2.1. Problèmes Autour du Problème de Placement :

Le problème du placement est lié au problème de découpe. Le processus physique de découpe peut exiger une présentation de la matière sous forme d'unités de dimensions compatibles comme c'est le cas en confection où la longueur est bornée par celle de la table de découpe et le nombre de pièces défini à l'avance. Le problème de découpe se présente alors sous forme de deux problèmes distincts: un problème de placement et un problème du carnet de commande.

I.2.2. Problème du Carnet de Commande :

Le problème du carnet de commande consiste à satisfaire l'ensemble des demandes connues à l'avance et trouver un ensemble d'amalgames pour les satisfaire. Un amalgame réside dans la manière de découper ou de remplir une unité de matière première. Le problème s'énonce alors: " étant donné un ensemble d'unités de matière première, combien de fois faut-il en utiliser pour satisfaire le carnet de commande?". En confection, on utilise la répartition des fréquences par taille pour déterminer la combinaison des tailles à produire et satisfaire au mieux le carnet de commande. C'est l'unité de base du carnet de command

I.3. Problème de découpe et Contraintes de Placement :

Les contraintes proviennent principalement de la technologie utilisée pour la découpe et de la stratégie de résolution du problème. Elles peuvent être classées en trois groupes : contraintes d'admissibilité de placement, contraintes technologiques et contraintes pour l'amélioration de gain.

I.3.1. Contraintes d'outils de coupe/Optimisation de trajectoire de découpe:

La manière de séparer une pièce de son support détermine le type de découpe et constitue une contrainte de placement. La découpe dite _en guillotine_ est utilisée pour la découpe de formes rectangulaires. La principale contrainte est d'avoir des lignes parallèles. Une autre contrainte est de permettre de minimiser le temps de découpe. C'est-à-dire, essayer d'aligner les bordures le plus possible afin de minimiser le nombre de détours de l'outil de coupe; les pièces doivent avoir une ligne commune de découpe (ou bien espacées   selon l'épaisseur de l'outil). Le mieux est de s'approcher le plus possible de la coupe en   guillotine. On peut aussi disposer des petites pièces ensemble.

Si la contrainte géométrique réduit l'espace des configurations admissibles et donc simplifie la résolution, la présence d'une contrainte temporelle ajoute une difficulté d'ordre algorithmique à la résolution. Deux comportements sont possibles vis-à-vis de la prise en compte de la contrainte temporelle:

- L'algorithme cherche une solution sous optimale de qualité moyenne correcte en un temps quasiment constant par rapport à un contexte habituel.

- L'algorithme cherche une solution évolutive et il peut être interrompu dès qu'une sollicitation extérieure apparaît. Chaque solution intermédiaire peut être améliorée ou constituer la solution finale.

Peu d'études font intervenir explicitement le temps dans les algorithmes. Il faut noter que dans les systèmes de CAO/FAO actuels, certaines contraintes ne sont pas toujours respectées à cause de la complexité de leur modélisation d'une part et d'autre part elles ralentissent la recherche. Le système nécessite alors l'intervention d'un placeur expert pour vérifier et améliorer la solution proposée.

I.3.2. Différents Types de Placement :

On peut rencontrer dans l'industrie de confection deux types de placement: le   placement interactif et le placement (semi-) automatique.

- **Placement Interactif :**

Dans la mémoire du calculateur, sont stockées les images des parties de vêtement pour chacune des tailles des différents modèles de la collection. Le placeur a des informations sur les approvisionnements disponibles. Si les pièces de tissu ont été systématiquement inspectées et mesurées par un analyseur de laize, les mesures précises sont alors introduites. Elles deviennent l'une des contraintes du placement. Le placeur connaît le programme de fabrication et les références, les tailles du modèle qu'il peut envisager de combiner pour le placement. Par l'intermédiaire d'une tablette graphique, il affecte une position à chaque élément sur le rectangle représentant la pièce. Le système lui indique en permanence le taux d'utilisation de la surface totale. Quand il a estimé avoir atteint un taux satisfaisant, il sauvegarde en mémoire et passe au placement suivant.

- **Placement Automatique :**

Il existe deux types de placement automatique.

- ✓ Le système fournit un placement définitif en un temps plus ou moins long, et avec un rendement plus ou moins bon. Le résultat est ensuite stocké dans une bibliothèque pour être exploité ultérieurement lors du lancement de la fabrication. Au cours de la journée, on essaie d'autres placements différents afin d'enrichir la bibliothèque ou d'améliorer les placements pour une commande donnée.
- ✓ Le système fournit un placement en temps réel pour une commande donnée. Le résultat est enregistré sur un fichier qui est transmis instantanément à la table de découpe et permet de commander directement l'outil de coupe. Ce type de fonctionnement convient essentiellement à l'organisation d'un système de production à cycle court, dans lequel les commandes sont créées et enregistrées en permanence pour des fabrications en séries très courtes. Tous les problèmes liés à cette structure ne sont pas encore bien résolus (qualité des placements, vitesse d'obtention, prise en compte des motifs et des défauts).

Il faut noter que lorsque le nombre de pièces à produire n'est pas connu à l'avance, le problème de découpe se présente comme une suite de problèmes de placement. On parlera alors de "placement continu".

- **Définition du Problème de Placement par Bande :**

Le problème du placement consiste à rechercher le meilleur amalgame au sens des objectifs du placement compte tenu des pièces à découper. Ce problème constitue la partie la plus importante du problème de découpe: on ne peut le résoudre efficacement sans résoudre efficacement le problème de placement. L'indice de performance de la découpe est déterminé par celui du placement et les contraintes spécifiques de découpe sont prises en compte au niveau du placement. On peut dire aussi que la diversité des applications et la multiplicité des contraintes n'ont pas encore permis la formalisation du problème sous une forme unique.

- **Problème de Placement dans la Littérature**

La génération automatique de placement et de découpe est devenue un domaine de recherche actif depuis les années 60 avec le développement des ordinateurs. Le problème se rencontre dans de nombreux domaines et la recherche évolue toujours réalisé. Dans cette étude bibliographique, les auteurs distinguent trois types de problèmes de placement selon les stratégies utilisées:

1. les pièces sont toutes prises en compte en même temps et placées directement sur la surface de la matière;
2. les pièces sont assemblées en groupes puis placées sur la matière;
3. le placement initial non optimal (pouvant contenir des superpositions) est à optimiser progressivement.

Ces approches peuvent être appliquées de diverses façons selon les méthodes de traitement géométriques telles que la représentation des formes et les relations spatiales entre les pièces.

I.4. Problème de découpe : « Cutting Stock Problem » :

Ce problème consiste à découper les pièces de la commande à partir d'un ensemble d'objets disponibles en Stock. Ce problème est décomposable en deux sous problèmes. Le premier consiste à déterminer les objets du stock à utiliser pour satisfaire la commande, le deuxième cherche à trouver la configuration qui minimise les chutes. Dans un tel problème, une contrainte imposée par l'outil de coupe (contrainte guillotine) peut être prise en considération. [Saïd Ben Messaoud].

I.4.1. Problème de placement : « Bin packing problem » :

Ce problème consiste à placer (ou assembler) des pièces dans de multiples plaques (bins). L'objectif est de trouver un ensemble de plaques pouvant contenir toutes les pièces en minimisant la matière totale utilisée. Selon l'application, les plaques peuvent être identiques ou de dimensions différentes.

I.4.2. Problème du sac à dos : « Knapsack problem » :

Dans le problème du sac à dos « Knapsack problem », un profit est associé à chacune des pièces. L'objectif est de placer certaines pièces, parmi un ensemble donné, dans un nombre prédéterminé d'objets (disponibles en stock) en maximisant le profit total (de toutes les pièces placées).

I.4.3. Variantes des problèmes de découpes : [Saïd Ben Messaoud]

(HIFI [1994]) a présenté quelques problèmes de découpe, nous illustrons un flash sur leur diversité :

I.4.3.1. Problème de découpe non contraint :

Une instance du problème de découpe non contraint se présente comme suit :

Un rectangle initial disponible en stock de largeur W et de hauteur H. Un ensemble de n pièces de formes rectangulaires. Chacune d'entre elles est définie par le couple (w_i, h_i), pour i= 1, ..., n, où w_i (respectivement h_i) désigne la largeur (respectivement la hauteur) de la pièce i.

- **Problème non pondéré :**

Le problème est dit non pondéré si aucune contrainte sur le nombre d'occurrences des pièces i (i=1,..., n) n'est imposée dans une configuration réalisable.

L'objectif consiste à trouver une configuration réalisable qui minimise les chutes.

- **Problème pondéré :**

Identique au problème non pondéré, sauf qu'ici, un profit ci ($\neq w_i h_i$) est associé à chaque pièce i (i=1,..., n) et on maximise le profit total (la somme des profits de toute les pièces présentes dans une configuration).

I.4.3.2. Problème de découpe contraint :

La différence entre un problème contraint et un problème non contraint se situe dans le fait que dans un problème contraint, le nombre d'occurrences pour chaque type de pièces est borné supérieurement. De même ; pour les problèmes contraints, on retrouve les problèmes pondérés et les problèmes non pondérés.

I.4.3.3. Problème de découpe sur bande « Strip Packing » :

Dans ce problème, la hauteur H est supposée infinie. L'objectif consiste à trouver une configuration réalisable, formée de toutes les pièces, qui minimise la hauteur utilisée de la bande. En effet, minimiser les chutes dans un problème de « Strip Packing » revient à minimiser la hauteur utilisée pour contenir toutes les pièces.

I.4.3.4. Problème d'assemblage :

Dans le problème d'assemblage, on dispose d'un ensemble de n pièces de formes rectangulaires. Chacune d'entre elles est définie par le couple (w_i, h_i) pour i = 1,..., n, où w_i (respectivement h_i) désigne la largeur (respectivement la hauteur) de la pièce i.

L'objectif est de trouver une configuration réalisable, formée de toutes les pièces, qui minimise la surface utilisée.

En d'autres termes, l'objectif consiste à chercher la surface minimale rectangulaire pouvant contenir toutes les pièces.

I.4.3.5. Problème de découpe avec satisfaction exacte de la demande :

Dans ce problème, le nombre d'occurrences de chaque type de pièces doit être exactement égal à un nombre spécifie à l'avance et on cherche à minimiser les chutes.

I.4.4. Comparaison :

Dyckhoff [1990] explicite la relation entre les problèmes de découpe et les problèmes de placement (d'emballage).

En effet, les problèmes de découpe peuvent être considérés comme étant le placement des pièces dans les objets de grande taille. De la même manière, les problèmes de placement peuvent être considérés comme étant des problèmes de découpe. Ceci justifie le nom donné à ce type de problèmes, à savoir les problèmes de découpe et de placement « CP » (Cutting and Packing). En revanche certaines contraintes liées aux applications industrielles sont exclusivement imposées dans le problème de découpe ou dans le problème de placement. Citons à titre d'exemple la contrainte guillotine imposée par l'outil de coupe.

Par ailleurs, la complexité des problèmes de placement est étroitement liée aux formes géométriques des pièces à placer (ou à découper). Ainsi, on distingue, deux types de formes géométriques, des formes régulières et des formes irrégulières qui englobent toutes les formes géométriques comprenant des asymétries et des concavités

I.5. Complexité :

Les problèmes de découpe à deux dimensions ont été démontrés NP - difficiles, en fait choisir la meilleure méthode de découpe en fonction des critères à optimiser tels que, la minimisation des stocks (d'encours, de produits finis) la minimisation des coûts (de production, d'achats, de revient de découpe), la diminution des délais de fabrication et de contradiction de certains critères ont augmenté la complexité des algorithmes tels que les algorithmes polynomiaux. La complexité temporelle d'un algorithme a été d'évaluer en fonction de la taille des données de nombre d'opérations des algorithmes ; il y a des fonctions et des algorithmes de complexités usuelles.

Les algorithmes dont la complexité est majorée par un polynôme n^k de la taille n des données sont dits polynomiaux, en O (n^k) ; les autres sont dits exponentiels. La complexité donne des indications importantes sur le temps de calcul par exemple, un algorithme linéaire en 0(n) peut prévoir que le traitement de données deux fois plus grosses pourra prendre, grosso modo, 2 fois plus de temps, un algorithme en O (n^3) => 8 fois plus de temps.

Les problèmes de découpe qui sont des problèmes NP-difficiles ont montré pourquoi, lors de l'étude d'un tel problème, on commencera par chercher à classer le problème.

- **La classe P** : La classe P est l'ensemble de tous les problèmes de reconnaissance polynomiaux ; ainsi ne pas connaître un algorithme polynomial résolvant un problème donné ne signifie pas qu'il n'en existe pas.

- **La classe NP** : un problème de reconnaissance est dans la classe NP si, pour toute instance de ce problème on peut vérifier, en un temps polynomial, par rapport à la taille de l'instance, qu'une solution proposée ou devinée est dans P on cherche seulement une réponse « oui ». Pour toute instance d'un problème P, il est facile de vérifier en un temps polynomial que la réponse est « oui » donc P<= NP, exemple de PVC est dans NP (non déterministe, non polynomial).

- **La classe NP- Complets** : ce sont les problèmes de NP « les plus difficiles de cette classe, car l'existence d'un algorithme polynomial pour résoudre un tel problème impliquerait l'existence d'algorithmes polynomiaux pour résoudre n'importe quel problème de NP. Autrement définit, un problème Q est dit NP- Complet s'il est dans la classe NP et si, pour tout problème Q' de la classe NP, on a Q'<Q, la relation < : n'est pas plus difficile que.

- **La classe NP- difficile** : un problème NP- difficile est un problème au moins aussi difficile qu'un problème NP- Complet.

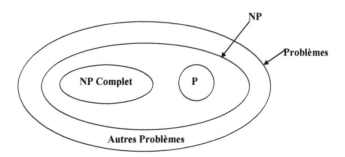

I.6. Méthodes de résolution adoptées :

Plusieurs méthodes de résolution ont été utilisées pour résoudre les problèmes NP-difficiles. Pour le cas des problèmes de petite taille, on a eut recourt aux méthodes exactes qui nous donnent des résultats optimaux.

Par contre, pour le cas des problèmes de taille plus grande, il s'avère qu'il est très difficile, ou presque impossible de calculer la solution optimale dans un temps raisonnable, a cause du nombre élevé de combinaisons possibles ;chose qui augmente l'espace de recherche de manière considérable.

Les méthodes approchées renvoient des solutions proches de l'optimum dans ce cas de problèmes. En effet, ces méthodes décrivent la manière de procéder pour construire une solution en suivant un ensemble de règles à respecter. Mais, dans la plupart des cas, ces règles sont conçues en fonction du problème abordé.

De tel problème de découpe ou de placement est NP- difficile, lorsqu'il s'agit de pièces rectangulaires, cette propriété a été démontrée explicitement par Fowler et al. [1981].

I.6.1. Méthodes exactes :

- **Programmation linéaire :**

Gilmore et Gomory [1961], ont donné une première modélisation en programmation linéaire en nombres entiers du problème de découpe unidimensionnel du stock. En effet, l'idée générale consiste à formaliser le problème étudié sous forme d'un programme linéaire pour lequel il existe de nombreuses méthodes de résolution. Ce dernier permet de cerner le problème en identifiant sa fonction objective et ses contraintes. Lorsque les variables utilisées sont des variables réelles, la méthode du simplexe, est la méthode optimale pour la résolution de ce type de problèmes.

- **Programmation dynamique :**

L'idée principale de la programmation dynamique est la décomposition du problème initial en sous problèmes de petite taille pour mener une recherche séquentielle de solutions afin d'atteindre la solution optimale.

Par ailleurs, Gilmove et Gomory [1966] ont proposé la première fonction récursive basée sur la programmation dynamique pour le problème de découpe à 2 phases. Cette formulation a été améliorée par Beasley [1985a] pour répondre au problème de découpe guillotine non contraint. Citons aussi les références Antonio et Al. [1999] et Chu et Antonio [1999] qui traite le cas de découpe à une dimension avec prise en compte d'autres critères (par exemple la minimisation de temps de découpe) et d'autres contraintes techniques **[Saïd Ben Messaoud]**.

- **Procédure par séparation et évaluation : (« Branch and Bound » en anglais)**

Est une méthode ou procédure d'exploration par énumération implicite de l'ensemble des solutions, qui conduise à construire une arborescence où chaque sommets représente un sous problème. Les arcs issus d'un même sommet représentent une décomposition possible du problème situé à l'origine de l'arc en sous problèmes de taille réduite. L'objectif est de parvenir à un sommet correspondant à un problème résolu de façon simple en ayant généré le moins de sommets.

Pour le cas de la découpe unidimensionnelle, cette procédure était testée et donne des résultats optimaux.

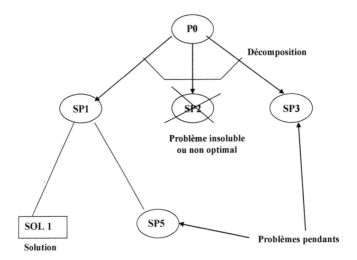

Terminologies :

- Les trois explorations d'une arborescence

    - Préfixé ; postfixé et Infixé

- Les PSE (Procédure par séparation et évaluation) reposent sur quatre composantes essentielles.

    - La technique de séparation : décomposition en sous problèmes de taille réduite.

    - La méthode d'évaluation : associe une borne du critère d'optimisation sur l'ensemble de solutions d'un sous problème (borne inférieure dans le cas de minimisation, quand à la borne supérieure, elle est déterminée par l'application d'une heuristique et est souvent calculée au début de la procédure).

    - La méthode de sondage : permet de déterminer si un sommet est terminal ou s'il mérite d'être séparé.

- La méthode de sélection ou stratégie d'exploration : décrit comment choisir le sous problème à séparer, lorsque plusieurs sont candidats (PSEP ou PSES). Ainsi, le nombre de nœuds générés lors de l'exploration de l'arbre augmente exponentiellement avec la taille du problème. Parallèlement, le temps d'exécution de la procédure par séparation et évaluation peut augmenter aussi de manière considérable.

Par ailleurs, les méthodes exactes ont fait l'objet de plusieurs publications ; nous citons à titre d'exemple, les deux algorithmes dites algorithmes de Johnson-1 et algorithme de Johnson-2.

- **Algorithme de Johnson-1 :**

Début

R := T {T est ici l'ensemble des travaux} ;

P := 1 ; r := n ;

Tant que R n'est pas vice faire

Début

$(i^*, k^*) := \text{Min} (P_i^k / i \in R, K = \{1,2\})$;

(* en cas d'ex-aequo, on les départage arbitrairement)

Si $(K^* = 1)$ alors début

Placer i^* en position p dans la séquence ;

p := p+1 ;

Sinon début placer i^* en position r dans la séquence ;

r := r-1 ;

Fin

R := R-{i} ;

Fin

Fin

⇨ Cet algorithme est de complexité O (n).

- **Algorithme de Johnson-2 :**

Début

$U := \{\}$; $V := \{\}$;

Pour $i := 1$ jusqu'à n faire

Si $a_i < b_i$ alors $U := U + \{i\}$

Sion $V := V + \{i\}$

LU := liste ordonnée par ai croissants au sens large des éléments de U ;

LV := liste ordonnée par bi décroissants au sens large des éléments V.

$L := (LU). (LV)$ {concaténation des 2 listes LU et LV}

Fin

⇨ Cet algorithme est de complexité $0(n \, \text{Logn})$.

Dans le cas des problèmes de découpe à une dimension, et à deux dimensions ; des décisions seront prises au sein de l'entreprise, et plus précisément par le niveau planification qui propose le PDP (plan directeur de production). Ce dernier définit un ensemble de nOF (ordre de fabrication) à réaliser.

Chaque OF j a une date ou plutôt r_j de mise en œuvre une date au plus tard de fin et un type T_j.

De même, chaque ordre de fabrication (OF) nécessite des ressources pour son achèvement ; ces ressources peuvent être renouvelables (les machines, les processeurs, les fichiers, les personnels...) ou consommables (l'argent, les matières premières) ainsi que des critères à respecter tels que la durée totale C_{max}, le respect des dates au plus tard, la minimisation des coûts, le nombre d'interruptions, etc. Ce sont des critères usuels, mais on peut trouver d'autres qui correspondent à des contraintes que l'on rencontre souvent dans la réalité (les productions à la commande ou en petites ou moyennes séries, l'orientation fixe des objets qui interdit toute rotation possible, la contrainte guillotine...).

Dans le cas, le nombre de combinaisons possibles devient trop grand pour pouvoir explorer tout l'espace de recherche dans un temps raisonnable. Ainsi, l'utilisation des méthodes exactes dont l'objectif est d'aboutir à la solution optimale, s'avère presque impossible dans ces circonstances.

D'où l'application des méthodes dites approchées pour la résolution de tels cas.

1.6.2. Méthodes approchées :

Ce sont des méthodes alternatives, rapides et capables de donner une solution satisfaisante (proche de l'optimum). Parmi ces méthodes approchées, on cite les méthodes de liste, de voisinage, méthode par décomposition, méthode par relaxation, méthode liée à l'intelligence artificielle, les heuristiques, les méta-heuristiques (de recherche locale ou évolutives).

- **Méthodes de liste :** Ces méthodes utilisent une heuristique qui permet de classer les tâches selon un ordre de priorité. Ce sont des méthodes très utilisées en pratique car elles permettent d'obtenir rapidement une solution.

Les règles de priorité sont les suivantes :

- SPT : Shortest Processing Time (plus courte durée d'exécution)

- EDD : Earliest Due Date (Plus petite date ou plus tard)

- ST : Slack Time (plus petite marge temporelle)

- OCR : Opération Critical ration (plus petit rapport entre le temps encore disponible et celui estimé nécessaire).

- **Méthodes par construction progressive :**

Ce sont des méthodes itératives où, à chaque itération, on complète une solution partielle.

- **Méthodes par voisinage :**

Contrairement aux méthodes par construction qui travaillent sur des solutions partielles, les méthodes par voisinage travaillent sur des solutions complètes. Chaque itération, on passe d'une solution complète à une autre solution complète meilleure relativement au critère considéré.

- **Méthodes par décomposition :**

Il existe de nombreuses façons de construire des méthodes de résolution par décomposition : La décomposition « hiérarchique », structurelle, temporelle ou spatiale.

- **Méthodes par relaxation :**

Dans ces méthodes on charge le modèle des problèmes que l'on a à résoudre afin d'obtenir un modèle qui réduit le domaine de solutions. La relaxation de certaines contraintes conduit à des solutions qui ne sont plus réalisables, mais qui fournissent des évaluations par défaut qui peuvent être intégrées dans des méthodes par séparation et évaluation.

- **Méthodes liées à l'intelligence artificielle (IA) :**

Il s'agit des méthodes qui utilisent des techniques de représentations des connaissances et de résolution des problèmes issues de l'IA, telles que les systèmes experts (OPAL, SOJA) et les systèmes à base des connaissances utilisant l'apprentissage, comme par exemple la mémoire artificielle.

Les heuristiques :

Les heuristiques sont des méthodes empiriques, basées en partie sur le bons sens, pouvant donner en général des solutions de bonne qualité. Leur principe général consiste en l'intégration des stratégies de décision de bon sens pour construire une solution proche de l'optimum.

Les métaheuristiques :

Les métaheuristiques représentent des concepts généraux de résolution. En effet, une étape indispensable dans l'utilisation des métaheuristiques consiste à formuler le problème abordé sous une forme adéquate et adaptée à l'application de ces concepts.

Les métas- heuristiques de recherche locale :

Partant d'une solution initiale réalisable, ces méthodes consistent à se déplacer d'une solution à une autre solution voisine qui améliore la valeur du critère considéré. Citons les méthodes les plus connues : méthodes Tabou et le recuit simulé.

- **Méthode Tabou :**

La méthode Tabou est une méthode itérative générale d'optimisation combinatoire qui a été introduite par Glover en 1986.

La méthode Tabou se montre très performante sur un nombre considérable de problèmes d'optimisation combinatoire, en particulier les problèmes d'ordonnancement. Dans la méthode Tabou, le déplacement d'une solution courante s vers une solution s'est choisi de telle sorte que : $f(s') = \min f(s'')$ avec $s'' \in N(s)$.

N(s) le voisinage d'une solutions s $\in$ X, X est l'espace des solutions admissibles. Tant que l'on ne se trouve pas dans un optimum local, le Tabou se comporte comme la méthode de descente et améliore à chaque étape la valeur de la fonction objective.

Lorsque l'on atteint un optimum local il faut choisir le moins mauvais des voisins (un accroissement aussi faible que possible de la fonction objectif). L'inconvénient est que si un minimum local s se trouve au fond d'une vallée profonde, il sera impossible de ressortir de celle-ci en une seule itération.

Un déplacement de la solution s vers une solution s' $\in$ N(s) avec f (s') > f(s) peut provoquer le déplacement inverse à l'itération suivante (s $\in$ N (s') et f (s') < f (s')) $\Leftrightarrow$ (création d'un cycle autour de ce minimum local).

La méthode Tabou conserve à chaque étape une liste T de solutions « tabous », vers lesquelles il est interdit de se déplacer momentanément. L'espace nécessaire pour enregistrer un ensemble de solutions « tabous » peut s'avérer important en place mémoire. Il est donc préférable d'interdire un ensemble de mouvements qui ramèneraient à une solution déjà visitée (mouvements tabous).

La fonction d'aspiration : lors du choix de la meilleur solution s' $\in$ N(s), il est possible d'avoir plusieurs candidats donnant une même valeur à la fonction objectifs, mais ne nous dirigeant par tous vers un optimum global $\Leftrightarrow$ il est souhaitable de choisir s une solution déjà visitée afin d'explorer une nouvelle région voisine de s. La fonction d'aspiration est définie sur toutes les valeurs de la fonction objective.

Lorsqu'une solution s voisine de la solution s fait partie de T et satisfait de plus l'aspiration (f (s') < A (f(s))) on lève le statut tabou de cette solutions s'. En général, A (f(s)) prend la valeur de la meilleure solution s* rencontrée (on « aspire » donc à déterminer une solution meilleure que s*).

La condition d'arrêt : nbmax itérations atteint entre deux améliorations de la meilleure solution s* rencontrée et la fonction objectif est proche à une borne inférieure f'.

- **L'algorithme Tabou :**

Initialisation

        Choisir une solution admissible initiale s $\in$ X ;

        S* : = s ;

        Nbiter : = 0 ; (compteurs d'itérations)

        T : = $\emptyset$; (la liste Taboue est vide initialement)

        Initialiser la fonction d'aspiration A ;

        Meil_iter : = 0 ; (itération ayant conduit à la meilleure solution s* trouvée jusqu'à là)

Processus itératif

        Tant que (f(s)>f) et (nbiter-meil_iter < nbmax) faire

            Nbiter : = nbiter + 1 ;

            Générer un ensemble N' $\subseteq$ N(s) de solutions voisines de s' ;

            Choisir la meilleure solution s' $\in$ N' telle que f (s') <= A (f(s)) ou s' $\notin$ T ;

            Mètre à jour la fonction d'aspiration A ;

            Mettre à jour la liste T des solutions taboues ;

            S : = s' ;

            Si f(s) < f(s*) alors s* : = s ; meil_iter : = nbiter ;

        Fin_tantque

Fin de l'algorithme

- **Le recuit simulé (RS) :**

    Les origines de la méthode RS remontent aux expériences de Metropolis et al. [MET 53].

Leurs travaux ont abouti à un algorithme simple pour simuler l'évolution d'un système physique instable vers un état d'équilibre thermique à une faisant subir un déplacement ou une perturbation du système.

Tout nouvel état est obtenu en faisant subir un déplacement ou une perturbation du système.

Soit δE la différence d'énergie occasionnée par une telle perturbation.

Le nouvel état est accepté si l'énergie du système diminue (δE <0).

Dans le cas contraire (δE >=0), il est accepté avec une certaine probabilité : prob (δE , t) = exp (- δE /kB*t), ou t est la température sous le nom de constante de Boltzmann.

La technique du recuit consiste à chauffer préalablement le matériau pour le porter à l'état liquide (énergie élevée).

Le refroidissement du matériau doit se faire très lentement pour avoir l'assurance d'atteindre un état d'équilibre à chaque température t.

Si la descente en température est trop rapide, il apparaît des défauts qui peuvent être éliminés par réchauffement local.

Cette stratégie de baisse contrôlée de la température conduit à un état stable correspond à un minimum absolu de l'énergie.

Kirkpatrick et al. [KIR 83] et Cenry [CER 85] ont été les premiers à s'inspirer d'une telle technique pour résoudre des problèmes d'optimisation combinatoire.

Le voisinage N(s) d'une solution s $\in$ X s'apparente à l'ensemble des états atteignables depuis l'état courant.

Le RS se ramène à une amélioration itérative, à température intermédiaire, l'algorithme autorise, de temps en temps, des transformations qui dégradent la fonction objective.

Le RS laisse au système une chance de s'extraire d'un minimum local.

- **Algorithme de Recuit Simulé (RS)**

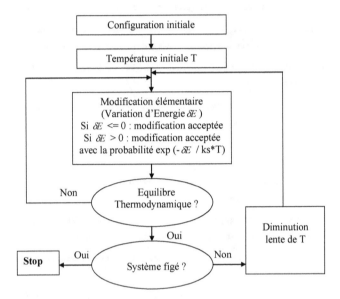

Initialisation

    Choisir une solution initiale $s \in X$;

    $S* := s'$;

    $K := 0$; (compteur d'itération global)

    Nouveau_cycle : = vrai ; (variable booléenne indiquant O/N effectuer un nouveau cycle d'itérations)

    $t := t_0$; (t_0 = température initiale du système)

Processus itératif

    Tant que nouveau_cycle = vrai faire

        Nbiter : = 0 ; (compteur d'itération interne à un cycle)

        Nouveau_cycle : faux ;

        Tant que nbiter < nbiter_cycle (nombre de paliers à fixer au départ) faire

            $k := k+1$; nbiter $:= +1$;

            générer une solution $s' \in N(s)$ aléatoirement ;

            $\delta f := f(s') - f(s)$;

            Si $\delta f < o$ alors $s := s'$; nouveau cycle := vrai ;

            Sinon prob (δf, t) : exp ($-\delta f /t$) ; générer q aléatoirement dans $[0,1[$;

            Si q < prob (δf, t) alors $s := s'$; nouveau_cycle := vrai ;

            Si $f(s) < f(s*)$ alors $s* := s$;

        Fin_tant que

        $t := a*t$ ($0<a<1$: coefficient de refroidissement)

    Fin_tant que

Fin de l'alg

- **Les métas- heuristiques évolutives :**

Contrairement aux méthodes précédentes, qui opèrent sur une seule solution, les méta-heuristiques évolutives opèrent sur un ensemble fini de solutions. L'objectif de l'utilisation de ces méthodes est de permettre l'évolution de l'ensemble des solutions vers des solutions meilleures.

Parmi ces méthodes évolutives, nous citons les algorithmes génétiques. Ces algorithmes sont des algorithmes parallèles d'optimisation stochastique basés sur le mécanisme de la sélection naturelle ; ils limitent le processus d'évolution d'une population d'individus, ou population de chromosomes en utilisant le principe de la survie du plus fort selon un critère défini. On verra tous ces concepts en détails dans le chapitre suivant.

I.7. Conclusion :

Nous avons cité, à travers une synthèse bibliographique, la diversité des problèmes de découpes et de placement.

Ces problèmes qui présentent une contrainte majeure, dite contrainte guillotine, ont été résolu avec différentes méthodes à savoir, les méthodes exactes lorsque ces problèmes sont de petites tailles, et les méta-heuristiques lorsque ces problèmes sont de grandes tailles. Une définition des algorithmes génétiques va nous ouvrir l'horizon pour entamer le second chapitre.

Chapitre 2

Les algorithmes génétiques

Ce chapitre est consacré à une présentation générale des algorithmes génétiques. Nous rappelons leur intérêt, leur principe et leur mode de genèse de la population. Nous passons en revue les méthodes Hybrides (niveaux, modes, classes). Ces méthodes se distinguent en mode relais et en mode coévolution.

II.1. Introduction :

Les Algorithmes Génétiques (AG), plus généralement regroupés sous le nom d'algorithmes évolutionnistes (AE), sont des méthodes adaptatives basées sur le processus d'évolution génétique des organismes biologiques à travers des générations. Ainsi, les AE font partie du champ de l'Intelligence artificielle (IA). Il s'agit d'IA de bas niveau, inspirée par « l'intelligence » de la nature. Intelligence qu'on peut définir de la façon suivante: « the capability of a system to adapt its behaviour to meet its goals in a range of environments » (Fogel, 1995).

Notons que les AE incluent également la programmation génétique qui consiste à faire évoluer le code d'un logiciel afin qu'il remplisse au mieux certaines taches. Citons enfin le domaine de la vie artificielle ou l'on tente de reproduire les mécanismes de la vie dans la mémoire d'un ordinateur afin de mieux comprendre l'organisation et l'évolution du vivant. Parmi les AE que nous venons de citer, nous avons choisi de traiter des Algorithmes Génétiques (AG). En effet ; ils nous paraissaient concilier au mieux puissance, généralité et facilité de programmation. Leur particularité est qu'ils sont fondés sur le Néo-Darwinisme, c'est-à-dire l'union de la théorie de l'évolution et de la génétique moderne.(Back, 1996 et Goldberg, 1994). Ce principe consiste à faire évoluer une population de dispositifs, à l'aide de différents opérateurs : Sélection, croisements, mutations. Ils sont basés, par analogie avec les phénomènes biologiques, sur le processus d'évolution génétique des organismes biologiques à travers des générations.

En effet, les individus les plus forts ont plus de chance de survivre vis-à-vis de la nourriture et des prédateurs ou bien trouver un partenaire pour se reproduire.

Cette méthodologie ; inspirée de la théorie de l'évolution de Charles Darwin, est utilisée en grande partie pour les problèmes d'optimisation. Comportant de nombreux paramètres et des objectifs multiples.

Le vocabulaire employé est directement calqué sur celui de la théorie de l'évolution et de la génétique humaine. Nous parlerons donc d'individus (solutions potentielles)de population, de gènes (variables), de chromosomes, de parents etc. Et nous nous appuierons constamment sur des analogies avec les phénomènes biologiques.

II. 2. Applications :

Un des intérêts des AG est que le temps de calcul ne croit pas exponentiellement avec le nombre n de variables, mais plutôt en nlogn. D'autre part, ce temps de calcul est proportionnel au temps de calcul de la fonction d'adaptation, donc du modèle utilisé, et à la taille de la population. Un autre intérêt est qu'ils rejoignent les enjeux industriel et économique actuels. Ils constituent donc, un domaine de recherche très actif, d'une part de par leur intérêt propre, d'autre part parce qu'ils peuvent être utilisés à tous les stades et pour des applications multiples : recherche, développements, production, optimisation de fonctions numériques difficiles (discontinues, multimodales, bruitées...), traitement d'image (alignement de photos, satellites, reconnaissance de suspects...), optimisation d'emplois du temps, optimisation de design, contrôle de systèmes industriels. {Beasley, 1993a}, apprentissage des réseaux de neurones {Renders, 1995}, etc. Les AG peuvent être utilisés pour contrôler un système évoluant dans le temps (chaîne de production, centrale nucléaire...) car la population peut s'adapter à des conditions changeantes. En particulier, ils supportent bien l'existence de bruit dans la fonction à optimiser. Ils peuvent aussi servir à déterminer la configuration d'énergie minimale d'une molécule ou à modéliser le comportement animal {Magnin 02}.

Les AG sont également utilisés pour optimiser des réseaux (câbles, fibres optiques, mais aussi eau, gaz...) des circuits VLSI {Beasley, 93}, des antennes {Reines, 1997}. Ils peuvent être utilisés pour trouver les paramètres d'un modèle petit- signal à partir des mesures expérimentales {Menozzi, 1997}. Des commutateurs optiques adiabatiques ont été optimisés à l'aide des stratégies d'évolutions (autres AE) chez SIEMENS AG [Moosburger, 1997]. On envisage l'intégration d'AG dans certaines puces électroniques a fin qu'elles soient capables de se reconfigurer automatiquement en fonction de leur environnement (evolving hardware en anglais).

II .3. Principe :

Les algorithmes génétiques fonctionnent précisément selon ce mécanisme :

Partant d'un matériel génétique donné, la sélection différentielle des meilleurs individus au moment de la reproduction, associée au jeu des croisements, des mutations génétiques et à l'élimination des plus mauvais ou des plus vieux, permet de transmettre dans plusieurs individus des générations suivantes, les gènes des individus les plus adaptés. La combinaison des meilleurs gènes des différents ancêtres peut parfois produire « des individus » qui s'adaptent encore mieux que leurs parents. Ainsi, les espèces évoluent et deviennent de plus en plus adaptés à leur environnement ; ce qui permet de progresser vers la solution recherchée.

En imitant ce principe, les algorithmes évolutionnistes appliqués à un problème d'optimisation font évoluer un ensemble de solutions candidates, appelé population d'individus. Un individu représente une solution possible du problème donné. A chaque individu est attribué un « fitness » qui mesure la qualité de la solution qu'il représente, souvent c'est la valeur de la fonction à optimiser. Ensuite, une nouvelle population des solutions possibles est produite en sélectionnant les parents parmi les meilleurs de la « génération » actuelle pour effectuer des croisements et des mutations. La nouvelle population contient une plus grande proportion de caractéristiques des meilleurs individus de la génération précédente. De cette façon, de génération en génération, les meilleurs gènes se propagent dans la population, en se combinant ou échangeant les meilleurs traits. En favorisant les meilleurs individus, les régions les plus prometteuses de l'espace de recherche sont explorées. Si l'algorithme est bien conçu (codage, fonction d'évaluation des individus et d'autres paramètres judicieusement choisis), la population convergera vers un état stationnaire minimal. Mais, rien ne garantit que l'évolution conduise à un optimum absolu, à la solution exacte. C'est que même si l'on a de fortes chances d'approcher le sommet, on peut parfaitement rester bloqué sur un simple promontoire.

II.4. Construction d'un algorithme génétique :

Bien que techniques, les algorithmes génétiques sont relativement peu compliqués dans leur principe. Dans le cas le plus simple, ils suivent les étapes suivantes (figure 2.1) :

1- Codage du problème sous forme d'une chaîne de bits.

2- Génération aléatoire d'une population.

3- Calcul d'un score (niveau d'adaptation ou fitness) pour chaque individu.

4- Si l'objectif est atteint, sortie de l'algorithme.

5- Sélection des reproducteurs en fonction des scores.

6- Construction des descendants par l'application de différents opérateurs génétiques (Croisements, mutations, sélections…) au moment de la reproduction.

7- Remplacement de la population par les descendants et retour au point 3.

Dans cette configuration, on remplace l'ensemble des individus à chaque génération (Algorithme générationnel). Si l'on souhaite conserver une partie de la population initiale, on doit opérer les modifications suivantes :

8- Evaluation des descendants.

9- Si l'objectif est atteint, sortie de l'algorithme.

10-Remplacement de la population par les descendants et retour au point 5.

Les algorithmes génétiques utilisent ainsi une méthode très spécifique, ayant peu de rapport avec les procédures classiques d'optimisation. Dans la version « Standard », leur particularité repose sur quatre éléments (Goldberg D.E.94) :

- Utilisation d'un codage des paramètres du problème au lieu des paramètres eux – mêmes ;

- Travail sur une population de points d'exploration et non sur un point unique ;

- Utilisation directe de la valeur de l'évolution au lieu de l'utilisation d'une dérivée ou d'une quelconque connaissance auxiliaire ;

- Utilisation de fonctions de transition probabilistes et non déterministes.

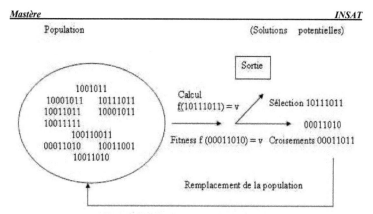

Figure 2.1 : Fonctionnement d'un alg. Génétique

La description de l'algorithme génétique conventionnel est décrite dans la figure2.2. Au début, une population de M individus est choisie aléatoirement. Puis un processus itératif commence jusqu'à satisfaction d'un critère de terminaison. Après l'évaluation de la fitness pour chaque individu dans la population, un opérateur génétique est choisi en se basant sur les probabilités associées à chaque opérateur génétique. L'opérateur sélectionné est appliqué à l'individu (s), choisi (s) avec la probabilité basée dans la fitness. Les nouveaux individus sont insérés dans la nouvelle population et la boucle (loop) recommence. Le résultat de l'exécution de l'algorithme génétique est le meilleur individu qui est apparu pendant les générations.

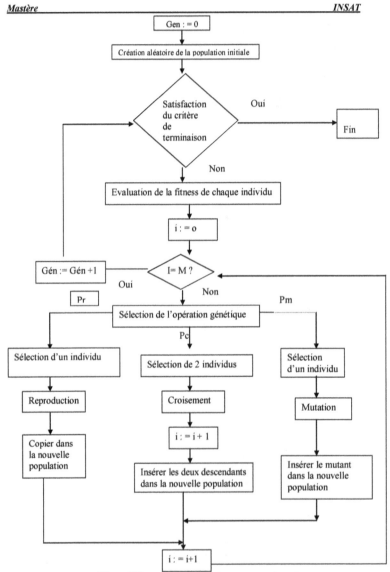

Figure2.2 : l'algorithme génétique conventionnel

II.5. Réglage des paramètres et codage des variables :

II.5.1 : Réglage des paramètres :

Quelle doit être la taille d'une telle population ? Une population trop petite évoluera probablement vers un optimum local peu intéressant. Une population trop grande sera inutile car le temps de convergence sera excessif. La taille de la population doit être choisie de façon à réaliser un bon compromis entre temps de calcul et qualité du résultat. Nous touchons là au délicat problème du réglage des paramètres de l'algorithme. Celui-ci doit être optimisé pour chaque type de problème traité, ce qui constitue une part importante du travail de l'utilisateur. Dans la pratique, les méthodes et paramètres des AG sont tout d'abord réglés approximativement par tâtonnement avec des fonctions de n variables couramment utilisées pour tester les algorithmes d'optimisation. Le temps de calcul de ces fonctions étant minime, on peut ainsi régler rapidement les paramètres.

Mais il faut être conscient que la taille de population dépend de la puissance de calcul dont on dispose, des méthodes utilisées (Sélection, opérateurs génétiques…), du nombre de variables considérées et de la fonction d'adaptation. Si la fonction à optimiser comporte peu d'optima locaux et optimum global net, la population nécessaire sera plus petite que dans le cas d'une fonction beaucoup plus compliquée comportant de nombreux optima locaux.

II.5.2 : Codage des variables :

La première étape est de définir convenablement le problème. Pour J. Holland (Holland 75), la meilleure représentation est le codage binaire. Car, selon lui, plus une représentation est détaillée plus on peut en extraire des informations sur la similarité entre les chaînes. Cette représentation est pédagogiquement la plus facile à comprendre et à expliquer.

II.5.2.1 : Codage binaire :

D'un point de vue informatique, nous avons constaté que les AG primitifs ont utilisé un codage binaire. C'est-à-dire qu'un gène est un entier long (32 bits). Un chromosome est un tableau de gènes (figure 2.3). Un individu est un tableau de chromosomes. La population est un tableau d'individus. Notons qu'on pourrait aussi utiliser d'autres formes de codage (réel, codage de Gray.) (Davis, 1991).

Par exemple, prenons un problème de partition (Back et al 94), (Beasley et Chu 95) ou l'ensemble E doit être divisé en sous –ensembles V comportant des éléments de E dont la somme ne dépasse pas un certain nombre fixé. Un candidat V est codé par un vecteur x tel

que : x = (x_1 x_2....x_n) avec x_i = 1 lorsque le $i^{ème}$ élément de E est présent dans v sinon x_i=0.
Pour un ensemble E= {1,2,3,4,5,6,7,8,9} et un sous-ensembles v = {2,3,6,8} le code
correspondant à v est le vecteur x= 011001010.

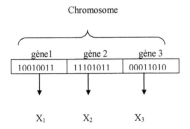

Figue 2.3 : illustration schématique du codage des variables d'optimisation X_i.

Un des avantages du codage binaire est que l'on peut ainsi facilement coder toutes
sortes d'objets : des réels, des entiers, des valeurs booléennes, des chaînes de caractères...
Cela nécessite simplement l'usage de fonctions de codage et décodage pour passer d'une
représentation à l'autre. Mais, il apparaît après d'autres formes de codage non binaire plus
spécifique au problème traité.

II.5.2.2 Codage non binaire :

Avec les développements récents, d'autres types de représentation plus sophistiquée
sont apparus. Ainsi, un chromosome peut être une liste des villes à parcourir pour le problème
du voyageur de commerce (HSU et al 93), une liste d'objets à manipuler pour un problème du
bin packing (sac à dos) (reeves, 95), (Faulkenauer 94 a), un chromosome formé de deux listes
pour le placement des composants en VLSI, une matrice (Caux et al 95, Schoenauer 03) ou
les arbres de symboles.

II.5.2.3 : Décodage :

Le problème de décodage (appelé aussi expression) pour convertir le génotype en
phénotype, concerne surtout les codes indirects et mixtes. Le décodage convertit une chaîne
en paramètres du problème afin de pouvoir évaluer la qualité de la chaîne. Le phénotype est
ensuite fourni à la fonction de fitness qui retourne la valeur du fitness permettant de classer la
chaîne dans la population.

II.6. Construction de la population initiale :

La première étape de l'algorithme est la genèse de la population initiale, c'est- à-dire le choix des individus de départ que nous allons faire évoluer. On pourrait prendre des individus régulièrement répartis dans l'espace. Néanmoins, une initialisation aléatoire est plus simple à réaliser ; notons qu'on peut, si nécessaire, introduire des individus déjà calculés directement ou de façon heuristique pour privilégier une direction de recherche. Mais cette méthode peut faire converger trop rapidement la recherche vers un optimum local.

II.6.1. Fonction de Fitness :

La construction d'une fonction de fitness appropriée est très importante pour obtenir un bon fonctionnement de l'AG. Cette fonction représente l'environnement du problème, c'est – à- dire qu'elle permet de décider combien la solution présentée par le génotype peut résoudre le problème. Les critères à prendre en compte pour construire une fonction de fitness sont les suivants :

La fonction de fitness :

- Dépend des critères que l'on veut maximiser ou minimiser.
- Est une boîte noire dont l'entrée est le phénotype et la sortie est la valeur du fitness.
- Peut changer de façon dynamique pendant le processus de recherche.
- Peut être si compliquée qu'on ne peut calculer que sa valeur approchée.
- Devrait attribuer des valeurs très différentes aux individus afin de faciliter la sélection.
- Doit considérer les contraintes du problème. S'il peut apparaître des solutions invalides, la fonction de fitness doit pouvoir attribuer une valeur proportionnelle à la violation des contraintes.
- La valeur de la fonction de fitness peut être aussi attribuée par l'utilisateur (ex. valeur esthétique).

II.6.2. Sélection :

Dans la nature, la sélection des reproducteurs dépend de critères extrêmement variés. La force ou la vitesse jouent naturellement un rôle central dans le choix du partenaire. Dans le domaine de l'évolution artificielle, les critères de sélection sont plus rigoureux. Seuls les éléments directement liés au niveau d'adaptation sont susceptibles d'être pris en compte au moment da la sélection.

La méthode de sélection la plus évidente (celle qui a été proposée par J. Holland à l'origine) consiste à associer directement la probabilité de sélection à la part de l'individu dans le niveau d'adaptation de la population. Ceci est mis en œuvre dans le mécanisme dit de « roulette » (roulette Wheel), qui permet statistiquement d'assurer une sélection strictement proportionnelle à la fitness de chaque individu (figure 2.5).

Individu	Fitness	Probabilité de sélection
A	4	4/20=20 %
B	6	6/20=30%
C	2	2/20=10%
D	3	3/20=15%
E	5	5/20=25%
Total	20	

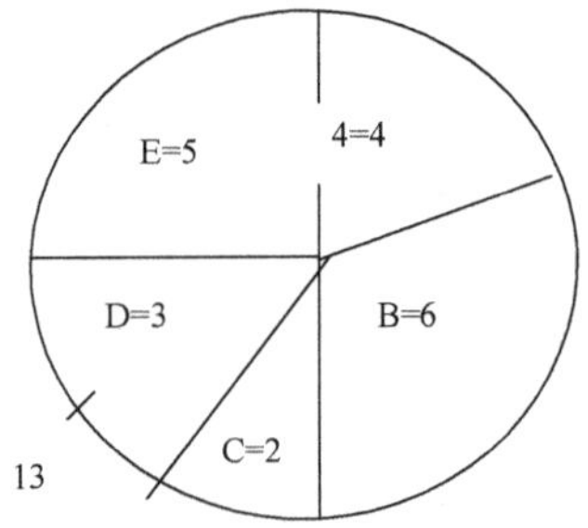

Si l'on tire 13, D sera sélectionné

Figure 2.5 : Tirage par roulette

Quand les effectifs sont faibles, le biais statistique peut être important. Une alternative a été proposée par J. Baker en 1987, le stochastic universal sampling (sus). On ne tire alors la roue qu'une seule fois, mais cette roue dispose d'autant de marqueurs que l'on souhaite sélectionner d'individus (figure 2.6). On évite ainsi que des tirages « malheureux » ne favorisent pas trop un individu qui ne le mérite pas (et inversement).

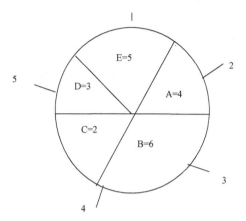

Résultat : 1A+2B+1D+1E

Figure 2.6 : échantillonnage universel stochastique

De nombreuses méthodes alternatives ont été proposées. La plus fameuse et probablement la plus efficace est connue sous le nom de « sélection par tournoi ». On choisit au hasard deux individus ou plus et on sélectionne le meilleur. Dans la variante dite stochastic tournement on choisit par exemple deux individus au hasard, puis on tire un chiffre entre 0 et 1. Si ce chiffre est inférieur à une valeur prédéterminée (0.80 par exemple), on sélectionne l'individu qui a la meilleure fitness, sinon on prend l'autre. On peut également citer la méthode de l'espérance mathématique de De Jong. La sélection se fait sur la base du nombre souhaité de descendants pour un individu (rapport de la fitness de l'individu à la fitness moyenne de la population $f/\hat{f}$). On décrémente ensuite un compteur attaché à l'individu quand il est sélectionné pour reproduction garantissant ainsi qu'un individu est sélectionné moins de $f/\hat{f}+1$ fois.

L'application des méthodes présentées ne garantit en aucune manière la progression de l'algorithme à chaque génération. Il est parfaitement possible au contraire, que l'on constate un recul du niveau d'adaptation maximum si le meilleur individu de la génération n'est pas conservé à l'étape suivante. De Jong a proposé de retenir un ou plusieurs des meilleurs individus à chaque génération (élitisme), on a ainsi la certitude que les solutions les plus efficaces ne seront par perdues par l'application des opérateurs génétiques, mais alors, le risque de convergence prématurée est renforcé.

II. 6.3 : Croisement :

L'opérateur croisement favorise l'exploration de l'espace de recherche. Considérons deux gènes A et B pouvant être améliorés par mutation. Il est peu probable que les deux gènes améliorés A' et B' apparaissent par mutation dans un même individu. Mais l'opérateur de croisement permettra de combiner rapidement A'et B' dans la descendance de deux parents portant chacun un des gènes mutants. Il est alors possible que la présence simultanée des deux gènes produise un individu encore plus adapté (Dessales, 1996). L'opérateur de croisement assure donc le brassage du matériel génétique et l'accumulation des mutations favorables. En termes plus concrets, cet opérateur permet de créer de nouvelles combinaisons des paramètres des composants.

Le phénomène de croisement est une propriété naturelle de l'ADN. C'est par analogie qu'ont été conçus les opérateurs de croisement dans les AG. Nous avons testé deux méthodes de croisement classiques :

- **" Croisement en un point "** : on choisit au hasard un point de croisement, pour chaque couple (Figure 2.7) notons que le croisement s'effectue directement au niveau binaire, et non pas au niveau des gènes. Un chromosome peut donc être coupé au milieu d'un gène.

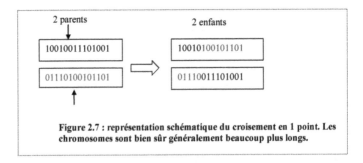

Figure 2.7 : représentation schématique du croisement en 1 point. Les chromosomes sont bien sûr généralement beaucoup plus longs.

- **"Croisement en deux points "** : on choisit au hasard deux points de croisement, (Figure 2.8). par la suite, nous avons utilisé cet opérateur car il est généralement considéré comme plus efficace que le précédent (Beasley, 1993b). Néanmoins nous n'avons pas constaté de différence notable dans la convergence de l'algorithme.

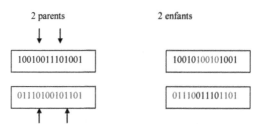

2 parents   2 enfants

10010011101001   10010100101001

01110100101101   01110011101101

Figure 2.8 : représentation schématique du croisement en 2 points.

Notons que d'autres formes de croisement existent, du croisement en k points jusqu'au cas limite du croisement uniforme...

II.6.4 : Mutation :

Dans la nature, le matériel génétique d'un individu ne dépend pas strictement de celui de ses parents. Des « erreurs de copie » ou des mutations amènent à la construction de chromosomes originaux. Les algorithmes génétiques procèdent de la même manière : au cours de la mutation, la valeur d'un (ou plusieurs) nucléotide(s) est modifiée au hasard. Ce mécanisme est essentiel au bon fonctionnement de l'algorithme. Pour matérialiser ceci, prenons un exemple. On considère un problème dont la solution a la forme du chromosome suivant :

S= 1111

La population est formée de quatre individus dont les chromosomes sont :

A =0100

B= 1001

C = 0101

D = 1001

Quels que soient les croisements opérés, il n'est pas possible de trouver la solution : aucun chromosome ne contient la valeur 1 en troisième position.

Considérons maintenant la possibilité de mutations. A cette occasion, le troisième nucléotide de l'individu A peut passer de 0 à 1. On aura alors :

A' = 0110

Il suffit ensuite que A' soit croisé avec B pour trouver la solution :

A' = 0|11|0
B = 1|00|1
A' x B = S =1111

On voit par là que l'opérateur de mutation permet de dépasser les limites imposées par le matériel génétique de départ. En introduisant de la nouveauté, il élargit le potentiel global de l'algorithme ; c'est un « principe créateur ».

Cet opérateur est néanmoins dangereux. En effet, des mutations trop fréquentes vont avoir tendance à détruire les séquences génétiques déjà sélectionnées, elles vont introduire un tel « bruit » dans l'algorithme qu'il risque de ne pas converger. On doit donc fixer le taux de mutation à un niveau relativement faible. Généralement, on fait en sorte que moins de 10 % des génomes soient modifiés, c'est-à-dire par exemple que, pour des génomes de 100 gènes, le taux de mutation par gène doit être de moins de 0,1 %.

II.7. Compromis entre exploration et exploitation :

Tout algorithme d'optimisation doit utiliser ces deux stratégies pour trouver l'optimum global : l'exploration pour la recherche de régions nouvelles et inconnues de l'espace de recherche, et l'exploitation pour utiliser la connaissance acquise aux points déjà visités pour aider à trouver des points meilleurs. Ces deux exigences peuvent paraître contradictoires mais un bon algorithme de recherche doit trouver le compromis entre les deux.

Une recherche purement aléatoire est bonne pour l'exploration mais pas l'exploitation alors que la recherche dans le voisinage est une bonne méthode d'exploitation mais pas d'exploration. La combinaison des deux peut être efficace mais il est difficile de trouver le bon compromis, c'est-à-dire combien d'exploration faut-il effectuer .avant de continuer sur l'exploitation?

J. Holland et D. Goldberg (Holland 75), (goldberg89) ont montré qu'un algorithme génétique pouvait associer les deux aspects en même temps. De façon judicieuse, pour cela, il faut ajuster les taux d'application des opérateurs génétiques, sachant que le croisement favorise plus l'exploration tandis que la mutation favorise plus l'exploitation.

II. 8. Les méthodes hybrides :

La principale manière d'hybrider les méthodes concerne la combinaison entre la recherche locale et l'approche d'évolution. L'idée essentielle de cette hybridation consiste à exploiter la puissance de recherche locale et de recombinaison des algorithmes évolutifs sur une population de solutions. Un tel algorithme utilise une ou plusieurs méthodes de recherche locale sur la population pendant un certain nombre d'itérations ou jusqu'à la découverte d'un ensemble d'optima locaux et invoque ensuite un mécanisme de recombinaison pour créer de nouveaux individus. L'approche hybride apporte habituellement une amélioration des résultats par rapport aux deux techniques appliquées isolément. La force de l'hybridation résulte de la combinaison de deux principes différents (Bachelet 99) (Fleurent et Ferland 96), (Rebreyend 99).

Nous venons d'évoquer l'hybridation de la recherche locale avec un algorithme évolutionniste. Il est également possible d'hybrider d'autres types d'approches par exemple une heuristique gloutonne et une méthode de recherche locale ou un algorithme évolutif.

Les Algorithmes hybrides sont parmi les méthodes les plus puissantes. Malheureusement, les temps de calcul nécessaire peuvent devenir prohibitifs à cause du nombre d'individus manipulés dans la population. Une voie pour résoudre ce problème est la parallélisation de ces algorithmes sur des machines parallèles ou sur des systèmes distribués.

II.8.1. Les niveaux de l'hybridation :

On distingue les hybridations de bas niveau qui modifient les éléments fonctionnels qui constituent une méthode d'optimisation. Et les hybridations de haut niveau qui conservent l'intégrité des méthodes qu'elles lient (Figure 2.9).

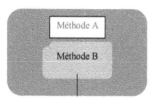

Hybridation de BAS niveau   **Hybridation de HAUT niveau**

Figure 2.9: Le niveau d'hybridation

II.8.2. Les modes de l'hybridation :

Le mode de l'hybridation distingue les hybrides en mode relais et en mode coévolution. En mode relais, Les heuristiques hybridées opèrent les unes après les autres dans un ordre prédéterminé. Chaque méthode impliquée dans l'hybridation reçoit en entrée le résultat produit par la précédente à la manière d'un pipeline. La classe des recherches hybrides en mode coévolution intègre les modèles d'optimisation coopérative où plusieurs agents coopèrent en parallèle.

II.8.3. Les classes d'hybrides :

Il existe quatre classes d'hybrides [Bachelet 99] :

✤ **La classe LRH** (**L**ow-level **R**elay **H**ybrid) la classe des hybrides de bas niveau en mode relais (LRH) regroupe les hybrides constitués d'une méthode de recherche locale dans laquelle est insérée une autre métaheuristique.

✤ **La classe LCH** (**L**ow-level **C**o-evolutionary **H**ybrid) L'hybride LCH réalise l'équilibre exploitation /exploration en Hybridant deux algorithmes complémentaires, une méthode de recherche locale optimisant localement et une méthode évolutive optimisant d'une manière globale.

✤ **La classe HRH** (**H**igh-level **R**elay **H**ybrid) dans les hybrides de haut niveau en mode relais, les heuristiques hybridées conservent leur intégrité. Les méthodes HRH-hybridées sont exécutées en séquence.

✤ **La classe HCH** (**H**igh-level **C**o-evolutionary **H**ybrid) Dans les hybridations de haut niveau coévolutionnistes, la structure interne des métaheuristiques hybridées n'est pas modifiée. Ces dernières sont exécutées simultanément et coopèrent pour résoudre le problème.

II.9. Conclusion :

Dans ce chapitre, nous avons défini les algorithmes génétiques. Nous nous proposons les types de codage, le décodage, le principe des algorithmes génétiques et comment peut on générer une population.

Dan ce chapitre, nous avons donné un aperçu rapide sur les méthodes hybrides, les niveaux d'hybridation, les modes de l'hybridation et les classes d'hybrides. Notre objectif est de résoudre le fameux problème d'optimisation combinatoire : le problème de découpe guillotine en combinant les algorithmes génétiques et l'algorithme de recherche tabou. Notre algorithme proposé pour résoudre le problème de découpe guillotine est un algorithme hybride et il sera décrit dans le chapitre suivant.

Chapitre 3

Résolution du problème de découpe guillotine

III.1. Introduction :

Dans ce chapitre nous proposons notre méthode de résolution qui est un algorithme hybride. Pour ce faire nous présentons d'abord, quelques méthodes de l'état de l'art.

Nous proposons deux algorithmes heuristiques permettant d'aboutir à une solution de bonne qualité dans un temps raisonnable. Ensuite, nous validons les méthodes heuristiques proposées sur des instances aléatoirement générées. Enfin, nous donnons nos conclusions et perspectives sur le travail réalisé.

Nous nous sommes plus spécifiquement intéressés à une approche de résolution heuristique du problème de découpe sur bande (« strip packing »). En effet, ce problème se classe parmi les problèmes NP-difficiles pour lesquels il est difficile de trouver une solution optimale sans l'énumération au moins implicite de P ensembles de toutes les solutions. Notre objectif est donc de trouver une solution de bonne qualité, en terme de chutes, dans un temps raisonnable par application des méthodes de résolution dites méthodes heuristiques.

III.2. Caractérisation de la contrainte guillotine :

Une telle configuration est dite guillotine ou non guillotine par la simple vérification de la définition suivante :

Pour certaines applications industrielles telles que la découpe de verre, L'outil de coupe doit aller d'un bord à l'autre du rectangle ou de la bande à découper. Ce type de découpe est appelé découpe de bout en bout ou découpe guillotine.

Une configuration formée de n pièces par application d'une séquence de coupes guillotine. Ce ci était le seul moyen de vérification depuis une quarantaine d'années. Ensuite, et en l'année 2003, Saïd Ben Messaoud a proposé un algorithme de faible complexité qui fondé sur la caractérisation de la configuration guillotine, permet de déterminer si une configuration donnée est guillotine.

Il a démontré aussi que la contrainte guillotine peut être formalisée à l'aide d'une série de contraintes linéaires, ce qui permet de modéliser le problème de découpe avec contrainte guillotine sous forme d'un programme linéaire mixte. Le but étant de déterminer des plans de découpe guillotine acceptables du point de vie coût (temps ou chutes). Ainsi, dans le cas où la matière brute à découper est chère, il serait raisonnable de ne pas se lancer directement à appliquer le plan de découpe donné par un opérateur (manuel). Il faudrait vérifier si ce plan de découpe par application d'une série de coupes guillotine. Faute de quoi, une ou plusieurs pièces de la commande risquent d'être détériorées.

III.3. Définition et notations :

Dans cette étude, nous considérons une plaque rectangulaire du stock sur laquelle sont déposées orthogonalement plusieurs pièces rectangulaires, c'est-à-dire les arêtes de chacune des pièces sont orthogonales aux arêtes de la plaque. Désormais, la plaque rectangulaire sera aussi appelée rectangle initial.

Il est important de noter que dans le cas où la contrainte guillotine est relâchée, l'algorithme «Bottom left» donne des solutions de bonne qualité pour ce problème. En revanche, l'algorithme par couches (« shelf algorithm ») peut être utilisé lorsque cette contrainte doit être respectée. De tels algorithmes génèrent, par construction, des configurations guillotines.

Dans notre étude, nous nous plaçons dans ce même contexte approché que ces deux heuristiques et nous proposons deux nouvelles heuristiques inspirées de ces deux algorithmes : « Bottom left » (Baker et al. [1980], Chazelle [1983]) et algorithme par couches (Coffman et al. [1980]). Comme pour l'algorithme par couches, chacune des heuristiques proposées dans ce chapitre place une nouvelle pièce à chaque itération tout en gardant la propriété de découpe guillotine.

Tout d'abord, nous rappelons les principes de « Bottom left » (noté BL) et de l'algorithme par couches. Ensuite, nous décrivons l'idée générale de notre méthode en respectant la contrainte de découpe guillotine. Enfin, pour chacune des heuristiques, nous présentons les expérimentations qui ont été menées pour valider notre démarche.

Afin de faciliter la compréhension de notre démarche, nous commençons par exposer quelques définitions de base.

Soit $R = (O, x, y)$ un repère orthonormé tel que O coïncide avec le coin inférieur gauche de la plaque (du rectangle initial), l'axe des abscisses coïncide avec l'arête inférieure de la plaque, et l'axe des ordonnées coïncide avec l'arête gauche de la plaque, (voir figure 2.1). Chaque pièce k, k=1…n, est définie par le quadruplet (X_k, Y_k, W_k, h_k), où le couple (X_k, Y_k) désigne la position de son coin inférieur gauche dans le repère R, et le couple (W_k, h_k) désigne respectivement sa largeur et sa hauteur.

L'intervalle (ou le segment horizontal) $]xk, X_k+W_k[$ désigne la projection orthogonale de la pièce k sur l'axe des abscisses, et par symétrie, l'intervalle (ou le segment vertical) $]Y_k, Y_k+h_k[$ désigne la projection orthogonale de la pièce k sur l'axe des ordonnées.

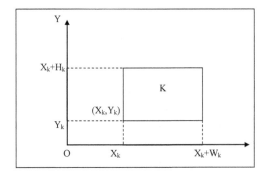

- **Fusion d'intervalles**

Soient] a, b [et] c, d [deux intervalles (ou segments) de même nature (tous les deux horizontaux ou tous les deux verticaux) tels que $a \leq c$. La fusion de ces deux segments notée

] a, b[u]c, d[est

-] a, max (b, d) [si] a, b [∩] c, d [est non vide (b>c)

-] a, b [et] c, d [sinon.

Dans l'exemple suivant, nous allons voir deux cas possibles de fusions d'intervalles. Il est clair que, dans le premier cas de la (figure (a)) ;] a, b [∩] c, d [=] c, b [avec $c \neq b$. Par la suite, la fusion des intervalles] a, b [et] c, d [donne l'intervalle] a, d [comme résultat. Par contre, dans le deuxième cas (figure (b)), nous constatons que] a, b [∩] c, d[est vide, ainsi dans ce cas la fusion des deux intervalles donne deux intervalles (] a, b [et] c, d [).

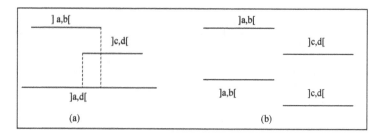

- **Configuration**

On appelle configuration un arrangement sans chevauchement de pièces dans un rectangle donné (plaque rectangulaire du stock). On note C_n une configuration formée de n pièces.

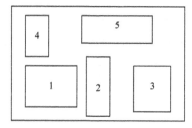

L'exemple illustré dans la figure ci dessus présente une configuration C_5, c'est-à-dire une configuration composée de 5 pièces.

Dans ce chapitre, nous supposons que toutes les coupes effectuées sur une configuration (un rectangle) sont orthogonales, c'est-à-dire que les coupes sont soit verticales soit horizontales, (parallèlement aux arêtes du rectangle initial qui contient toutes les pièces).

Une découpe guillotine appliquée sur un rectangle donné commence à un point d'une arête de ce rectangle et se termine à un point de l'arête opposée parallèlement aux arêtes restantes, (ce qui justifie l'appellation de bout en bout pour ce type de découpe).

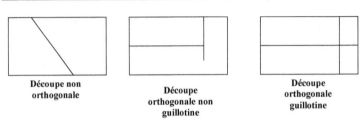

| Découpe non orthogonale | Découpe orthogonale non guillotine | Découpe orthogonale guillotine |

Figure3.1 : **Exemple de découpes possibles**

La figure présente les différents cas possibles de découpes effectuées sur un rectangle. Elle illustre également un exemple de découpe non orthogonale. Parmi les configurations obtenues avec des découpes orthogonales, nous pouvons distinguer deux grandes familles de configurations:

1- configuration guillotine (voir figure a).

2- configuration non guillotine (voir figure b)

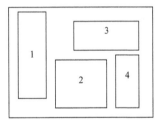

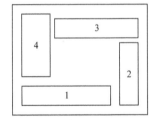

Figure a: C_4 guillotine   Figure b: C_4 non guillotine

III.4. Configuration guillotine :

Une configuration est dite guillotine si toutes les pièces (appartenant à cette configuration) peuvent être extraites par l'application d'une séquence de découpes guillotines. Elle est dite non guillotine dans le cas contraire, c'est à dire nous ne pouvons pas extraire toutes les pièces par une succession de coupes guillotines.

A titre d'illustration, la configuration présentée dans la figure (a) est guillotine. En effet, toutes les pièces peuvent être extraites par une série de découpes guillotines. On pourra commencer par couper suivant l'axe vertical droit de la pièce l, ce qui divise la configuration en deux régions. La première région contient uniquement la pièce 1 et la deuxième contient les pièces 2, 3 et 4. Ensuite, on pourra couper suivant l'axe horizontal supérieur de la pièce 4, ce qui divise la région contenant les pièces 2, 3 et 4 en deux régions plus petites. La première contient seulement la pièce 3 et la seconde contient les pièces 2 et 4. Pour finir, on pourra couper selon l'axe vertical gauche de la pièce 4. Ainsi, il est possible d'extraire les quatre pièces par une série de coupes guillotines.

Contrairement au cas précédent, nous pouvons constater que dans le cas de l'exemple de la figure (b), aucune pièce ne pourra être extraite par une série de découpes guillotines sans détériorer au moins une autre pièce. En effet, toute tentative de libérer une pièce par une découpe guillotine mène à la détérioration d'une autre pièce de la configuration. Par exemple, si on coupe suivant l'axe vertical droit de la pièce 4, on détériore la pièce 1. Ceci reste vrai pour toute autre tentative de libérer n'importe quelle pièce de cette configuration.

III.5. Configuration non guillotine :

La configuration non guillotine la plus connue dans la littérature est un exemple formé de 4 pièces constituant entre elles une sorte de roue (voir figure (c)). Certains auteurs ont tendance à considérer que toute configuration non guillotine présente forcément une telle structure (une roue composée de 4 pièces). Il est donc intéressant de clarifier davantage ce point et de donner un exemple de configuration non guillotine autre que l'exemple de la figure (c). Enfin, nous concluons ce paragraphe en proposant une définition de la notion de configuration non guillotine minimale (au sens du nombre de pièces).

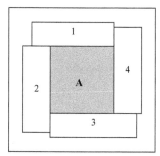 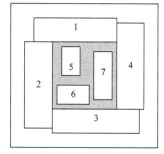

Figure c : une configuration non Guillotine composée de 4 pièces

Figure d : une configuration non guillotine composée de 7 pièces

La figure (c) présente une configuration non guillotine formée de 4 pièces numérotées de 1 à 4, et d'une région rectangulaire notée A. Cette région A est définie par la surface intérieure délimitée par les quatre pièces. Quels que soient les rectangles situés dans la région A, la configuration résultante reste toujours non guillotine. A titre d'exemple, en rajoutant 3 pièces dans la région A, voir figure (d), la configuration reste non guillotine. En revanche, la configuration non guillotine résultante est composée de 7 pièces. Il est important aussi de constater que c'est uniquement l'emplacement des quatre premières pièces qui détermine la nature de cette configuration.

Dans la suite, nous donnons un exemple de configuration non guillotine formée de 5 pièces. Dans ce dernier, la suppression d'une pièce quelconque de la configuration de la figure (e) aboutit à une configuration guillotine, ce qui montre bien que cette configuration n'était pas à la base une configuration non guillotine composée de 4pièces à laquelle une cinquième pièce a été ajoutée.

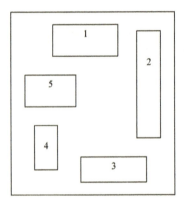

Figure (e): Configuration non guillotine formée de 5 pièces

III.6. Etat de l'art :

III.6.1   « Bottom left (BL) »

Cet algorithme a été introduit pour résoudre le problème du placement d'un ensemble de pièces rectangulaires dans un rectangle de grande taille. Le placement des pièces est orthogonal, c'est-à-dire les arêtes des pièces doivent être orthogonales à celles du rectangle. L'objectif consiste à trouver une configuration sans chevauchement des pièces qui minimise les chutes.

Les pièces sont réordonnées selon une liste de priorité avant d'appliquer l'algorithme « Bottom Left ». Ce dernier, noté BL, permet de placer la pièce courante le plus bas possible et le plus à gauche dans la configuration partielle. Baker et al. [1980] ont montré que les placements à l'aide de liste ne permettent pas toujours d'obtenir le placement optimal. Il y a cependant des ordres préférables aux autres. Ainsi, plusieurs algorithmes de type BL (Bottom left) peuvent être définis. Ces derniers dépendent de la liste de priorité considérée. Citons notamment :

- **BLIW** « Bottom left with increasing width » : la liste est obtenue en ordonnant les pièces dans l'ordre croissant des largeurs ;

- **BLIH** « Bottom left with increasing height » : la liste est obtenue en ordonnant les pièces dans l'ordre croissant des hauteurs ;

- **BLDW** « Bottom left with decreasing width » : la liste est obtenue en ordonnant les pièces dans l'ordre décroissant des largeurs ;

- **BLDH** « Bottom left with decreasing height » : la liste est obtenue en ordonnant les pièces dans l'ordre décroissant des hauteurs.

L'application de l'algorithme **BL** permet d'aboutir à des configurations assez denses tout en ayant une complexité faible de $O(n^2)$, où n est le nombre de pièces (Chazelle [1983]). Cependant, cet algorithme ne donne pas en général une configuration guillotine, voir l'exemple suivant.

Exemple

Quatre pièces doivent être placées dans un rectangle de dimensions fixes.

Les pièces sont d'abord réordonnées et numérotées selon l'ordre non croissant des hauteurs.
Supposons que nous voulons placer la pièce 4 dans la configuration partielle composée par les
pièces 1, 2 et 3 (la configuration partielle est également obtenue par l'application de
l'algorithme BL). La configuration obtenue après le placement de la pièce 4 (voir figure 3.1)
est non guillotine.

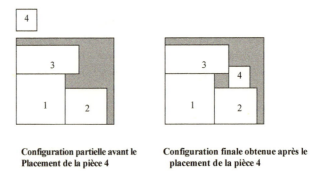

Configuration partielle avant le	Configuration finale obtenue après le
Placement de la pièce 4	**placement de la pièce 4**

Figure 3.2 : Configuration non guillotine obtenue par l'algorithme *BL*

III.6.2 Algorithme par couches (sous bandes)

Les algorithmes par couches (« shelf algorithm ») permettent de construire une
configuration vérifiant la contrainte guillotine. Cette dernière est obtenue en plaçant les
pièces, de gauche vers la droite en formant des couches (« shelf »). La première couche est
définie par l'arête inférieure de la bande. L'arête inférieure d'une nouvelle couche est définie
par la ligne horizontale qui coïncide avec l'arête supérieure de la pièce la plus haute placée sur
la couche courante. L'opération est réitérée tant qu'il y a des pièces à placer. Plus précisément,
le principe général des algorithmes par couches consiste à placer la pièce courante en la
justifiant à gauche sur la première couche où elle peut (entièrement) rentrer. Dans le cas où
aucune des couches existantes ne peut contenir cette pièce, une nouvelle couche est alors

créée (initialisée). Sa hauteur est définie par celle de la pièce courante. Cette pièce va être placée dans cette nouvelle couche. Et on passera au traitement de la pièce suivante.

Dans le problème de découpe unidimensionnel, les pièces les plus longues sont les plus difficiles à placer (Costa [1982]). Pour cela, les pièces sont d'abord classées par longueurs décroissantes. Par analogie, les pièces rectangulaires sont classées aussi par hauteurs décroissantes afin de minimiser la hauteur totale utilisée.

Trois stratégies classiques issues des algorithmes pour le problème de « bin packing » à une dimension sont utilisées dans l'algorithme par couches « shelf algorithm » (Coffman et al. [1980]). Ces trois stratégies sont appliquées sur une liste de pièces ordonnée suivant l'ordre décroissant des hauteurs.

- « **Next-Fit Decreasing Height** » (**NFDH**) : la pièce courante j est placée en la justifiant à gauche sur la dernière couche créée. Si la place restante dans cette couche est insuffisante pour réaliser ce placement, une nouvelle couche est créée et la pièce j est placée en la justifiant à gauche.

- « **First-Fit Decreasing Height** » (**FFDH**) : la pièce courante j est placée en la justifiant à gauche sur la première couche où elle peut rentrer, en parcourant les couches du bas vers le haut. Si aucune des couches déjà existantes ne peut la contenir, une nouvelle couche est créée et la pièce j est placée de la même manière que dans NFDH dans cette nouvelle couche.

- « **Best Fit Decreasing Height** » (**BFDH**) : la pièce courante j est placée en la justifiant à gauche sur la couche où elle peut rentrer et dont l'espace horizontal résiduel (inutilisé) est minimum. Si aucune des couches existantes ne peut la contenir, une nouvelle couche est créée et la pièce j est placée de la même manière que dans NFDH dans cette nouvelle couche.

Afin de mieux comprendre, ces trois stratégies sont illustrées sur un exemple qui consiste à placer 5 pièces sur une bande de largeur fixe et de hauteur infinie avec pour objectif de minimiser la hauteur utilisée. Nous allons appliquer l'algorithme par couches en utilisant séparément ces trois stratégies afin de voir la différence entre ces dernières. Le résultat est illustré sur la figure 3.3.

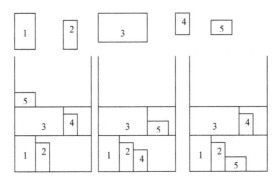

Figure 3.3 : Illustration de l'algorithme par couches en utilisant les trois stratégies

Tout d'abord, les pièces sont classées dans l'ordre décroissant des hauteurs. Le placement des deux premières pièces est identique pour les trois stratégies. En effet, la première couche est initialisée par la pièce 1, puis la pièce 2 est placée (justifiée à gauche) dans la première couche. La largeur résiduelle de la première couche ne permet pas de placer la pièce 3. Par conséquent, une deuxième couche est initialisée par cette pièce. Ensuite, le placement des pièces 4 et 5 dépend étroitement de la stratégie adoptée. En effet, en appliquant la stratégie NFDH, on placera la pièce 4 dans la deuxième couche, puis on initialise la troisième couche par la pièce 5 car la largeur résiduelle de la deuxième couche ne permet pas de placer cette pièce. Par contre, en utilisant la stratégie FFDH, On placera la pièce 4 dans la première couche et on placera la pièce 5 dans la deuxième couche. Enfin, lorsqu'on applique la stratégie BFDH, on placera la pièce 4 dans la deuxième couche car la largeur résiduelle de cette dernière est inférieure à celle de la première couche. Ensuite, on placera la pièce 5 dans la première couche.

III.7. Présentation du problème

Une instance du problème de découpe sur bande à deux dimensions consiste en :
-   un ensemble de n pièces rectangulaires, chacune étant définie par sa largeur wi et sa hauteur hi,

- une bande de largeur W et de hauteur H supposée infinie.

Toutes les données du problème sont des variables entières.

L'objectif est de trouver une solution (configuration) qui place sans chevauchement les n pièces et minimise la hauteur utilisée de la bande.

Remarque : Le fait de considérer que la hauteur de la bande est infinie est en concordance avec les données des applications industrielles. En effet, d'un point de vue industriel, cette dernière est beaucoup plus importante que les hauteurs de toutes les pièces à découper.

Dans cette étude, une contrainte supplémentaire doit être respectée, à savoir :

- La contrainte guillotine qui doit être respectée, c'est-à-dire toutes les pièces doivent être extraites par application d'une série de découpes guillotines dites aussi découpes de bout en bout

Le lecteur est invité à revoir le premier chapitre pour mieux cerner la contrainte de découpe guillotine.

III.8. Les points disponibles et les rectangles disponibles :

Après la définition des algorithmes BL et par couches, on va donner dans ce petit paragraphe une présentation brève des notions du point disponible et du rectangle disponible.

Nous constatons que l'algorithme par couches place toujours les pièces de telle sorte que l'arête basse de chaque pièce coïncide avec l'une des couches existantes. C'est-à-dire qu'on abandonne à jamais une couche si la somme des largeurs de ses pièces est égale à la largeur de la bande même s'il reste des zones libres dans cette couche. Ce cas peut se manifester lorsque la hauteur de la pièce qui initialise la couche est assez grande par rapport aux autres. De plus l'utilisation de l'algorithme BL seul ne conduit pas en général à une configuration guillotine (**Ben Messaoud 2004**). Enfin l'algorithme par couches permet d'obtenir des découpes guillotines, mais ces découpes comportent des chutes importantes. L'idée principale de notre heuristique est de réutiliser au mieux les zones inutilisées dans chaque couche et de pouvoir placer les pièces les unes au-dessus des autres tout en préservant la contrainte de découpe guillotine imposée par l'industrie.

Nous prenons les pièces une par une et nous essayons de placer chacune d'elle dans la couche courante. Si elle rentre, nous passons à la pièce suivante, sinon avant d'initialiser une nouvelle couche, nous essayons de la placer dans le premier rectangle disponible qui peut la contenir. Le fonctionnement de notre algorithme sera donc le suivant :

❖ **Etat initial** : un seul rectangle disponible $R = (0, 0, W, H)$ qui correspond à la bande verticale de largeur W et de hauteur H supposée infinie disponible en stock.

❖ **Etat général** : On dispose d'une liste que l'on appelle liste des rectangles disponibles notés $R1, R2, \ldots$, ordonnée selon Trie - rectangles (voir la procédure Trie- rectangles) et on cherche à placer une nouvelle pièce dans l'un des rectangles disponibles. A chaque fois qu'on décide de placer une nouvelle pièce dans un rectangle Ri^*, on supprime ce dernier et on génère deux rectangles dont on déterminera les dimensions avec la procédure calcul - dimension détaillée juste après. Ensuite, on met à jour la liste des rectangles disponibles en prenant en compte la possibilité d'inclusion des rectangles disponibles (règle inclusion).

Et pour tous les autres rectangles Ri tel que $i \neq i^*$, on effectuera le traitement suivant :

S'il existe un chevauchement entre le rectangle Ri et la surface occupée par la nouvelle pièce, alors on réduit les dimensions de ce rectangle, formellement $Ri = Ri - Ri \cap Ri^*$ Sinon, Ri reste inchangé.

- S'il n'y a pas de chevauchement entre la surface occupée par la pièce et tous les rectangles disponibles alors, on réduit les dimensions de Ri^*. Le fait de considérer le rectangle disponible Ri^* et non pas la place réellement occupée par la nouvelle pièce, lors de la réduction des dimensions, nous permet de garder des formes géométriques simples (rectangulaires) dans nos structures de données, voir remarque.

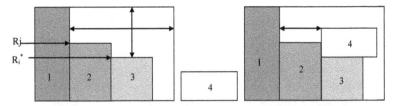

Figure 3.4 : Largeur du rectangle Rj avant et après le placement de la pièce 4

Remarque :

Supposons que nous avons déjà placé les pièces 1, 2 et 3 et nous allons placer la pièce 4 dans le rectangle disponible Ri^*. Nous allons expliquer à travers cet exemple (Figure 3.4) la pertinence de la considération seule du rectangle Ri^* au lieu de la surface qui sera occupée par la pièce 4 lors de la réduction des dimensions de rectangle disponible Rj. Après avoir placé la pièce 4 dans Ri^*, nous allons voir comment réduire les dimensions du rectangle Rj. Le fait d'avoir un chevauchement entre la surface réelle occupée par la pièce 4 et Rj, nous oblige à réduire les dimensions de ce dernier. Dans ce cas de figure, on garde la hauteur de rectangle Rj, mais par contre, on réduit sa largeur, ce qui équivaut formellement à avoir $Rj=Rj\textit{-}Rj \quad Ri^*$.

Par la suite, nous allons introduire la règle suivante que nous allons l'utiliser tout au long de notre algorithme.

Règle *inclusion* :

Si un rectangle récemment généré est entièrement contenu dans un rectangle déjà existant, alors on ne mémorise pas ce rectangle ni le point disponible associé.

Nous allons expliquer l'apport de cette règle à travers l'exemple ci-dessous :

Avant le placement de la pièce 3 (Figure 3.5), les rectangles disponibles, associés aux points disponibles $P1=(x1+x2, 0)$ et $P2= (x1, y1)$ sont respectivement $R1=(x1+x2, 0, X-(x1+x2), Y)$ et $R2=(x1, y1, X- x1, Y-y1)$.

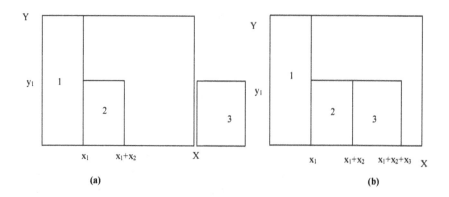

Figure 3.5 : Placement de pièces (a)avant le placement de 3 (b) après le placement de 3

Après le placement de la pièce 3 dans le rectangle $R1$ (Figure 3.5), on supprime R1 et on génère deux rectangles disponibles que l'on notera $R3=(x1+x2+x3, 0, X-(x1+x2+x3), Y)$ et $R4=(x1+x2, y1, X-(x1+x2), Y-y1)$. Mais on voit clairement que R4 est entièrement contenu dans $R2$ donc cela ne sert à rien de garder en mémoire ce rectangle $R4$, il suffira de garder le rectangle *R2*. Du point de vue algorithmique, cela revient à tester pour chaque rectangle généré si le point disponible associé est contenu dans un des rectangles disponibles déjà existants.

Nous allons maintenant décrire la procédure de calcul de dimension qui est utilisée après chaque placement d'une nouvelle pièce afin de mettre à jour les dimensions des rectangles disponibles.

Procédure *Calcul –dimension :*

Soit $Ri^* = (xi^*, yi^*, wi^*, hi^*)$ le premier rectangle qui peut contenir la nouvelle pièce p de largeur w et de hauteur h. Nous allons nous intéresser au traitement de rectangle Ri^* et aux modifications apportées après le placement de la pièce p, et plus particulièrement au calcul des dimensions des deux rectangles générés.

On suppose que la pièce p est placée dans le rectangle Ri^*, et par conséquent deux nouveaux rectangles, que nous notons RD et RH, sont générés. La pièce est positionnée de telle façon que le coin bas gauche de la pièce coïncide avec le coin bas gauche de Ri^*. RD sera le rectangle disponible défini par le coin inférieur gauche (xi^*+w, yi^*) et par sa largeur wi^*-w et sa hauteur hi^*, soit $RD = (xi^*+w, yi^*, wi^*-w, hi^*.)$. RH sera le rectangle disponible défini par le coin inférieur gauche (xi^*, yi^*+h) et par sa largeur wi^* et sa hauteur hi^*-h, et donc $RH = (xi^*, yi^*+h, w\ i^*, h\ i^*-h)$. Et pour mettre à jour la liste des rectangles disponibles, nous devons par la suite supprimer Ri^* de la liste des rectangles disponibles *List_Rect_Disp* et insérer les deux nouveaux rectangles RD et RH dans cette liste et appliquer la règle *inclusion*. Puis réordonner selon la procédure *Trie_rectangles*.

Nous pouvons donc maintenant décrire formellement notre algorithme. Mais tout d'abord nous allons présenter deux procédures de trie utilisées dans l'algorithme ci-dessous.

Procédure *Trie_pieces* : dans cette procédure, nous nous intéressons au tri des pièces. Chaque pièce i est notée par le couple (wi, hi) qui définit respectivement la largeur et la hauteur de la pièce i. Trier la liste des pièces en respectant la procédure *Trie_pieces* c'est d'abord trier selon l'ordre non croissant de la hauteur, et en cas d'égalité sur la hauteur, trier selon l'ordre non croissant de la largeur.

Procédure *Trie_rectangles* : dans cette procédure, nous nous intéressons plutôt au tri des rectangles disponibles. Chaque rectangle disponible i est représenté par le quadruplet (xi, yi, wi, hi). *Trie_rectangles* commence par trier les rectangles disponibles suivant l'ordre croissant des ordonnées, et en cas d'égalité des ordonnées, trier selon l'ordre croissant des abscisses.

Algorithme *SHF (Shelf Heuristic Filling):*

1. *List_Rect_Disp* = {(0, 0, W, H)};
2. Ordonner *list_pièces* selon la procédure *Trie_pièces* ;
3. Répéter
3.1 Placer la première pièce dans le premier rectangle disponible qui peut la contenir ;
3.2 Mettre à jour la *list_pièces* (supprimer la pièce récemment placée) ;
3.3 Mettre à jour la *list_Rect_Disp* avec la procédure *calcul_dimension* et la règle *inclusion* ;
3.4 Insérer les deux rectangles récemment générés dans (déjà triée selon la procédure *Trie_rectangles*
   List_Rect_Disp);

3.5 Passer à la pièce suivante.

Jusqu'à *list_pièces* = vide.

III.9. Résolution du problème :

Dans la conception d'une méta heuristique, on recherche l'équilibre entre deux objectifs contradictoires : l'exploration et l'exploitation. L'exploration est nécessaire, car elle apporte une information de l'espace de recherche dans sa globalité qui fournit une approximation de la qualité de l'optimum global. L'exploitation n'est pas moins importante, car une recherche autour de la solution courante tend à produire une meilleure solution.

Les méta heuristiques évolutionnistes sont performantes pour l'exploration de l'espace de recherche alors qu'elles le sont beaucoup moins pour l'exploitation des solutions qu'elles ont trouvées. C'est pourquoi, on a choisit l'hybride LCH pour réaliser l'équilibre entre l'exploration et l'exploitation.

Nous avons utilisé pour résoudre le problème de découpe guillotine un algorithme hybride combinant l'algorithme génétique et un algorithme de recherche locale qui est l'algorithme tabou. L'hybridation consiste à remplacer l'opérateur de mutation par l'algorithme de recherche tabou (figure 3.6).

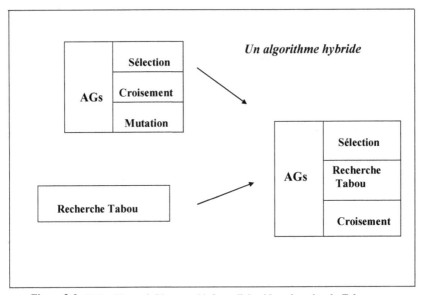

Figure 3.6 : **L'algorithme génétique combiné avec l'algorithme de recherche Tabou**

III.9.1 Description de l'approche :

Premièrement, rappelons que le problème de découpe guillotine, consiste à minimiser les chutes issues de la découpe guillotine tout en minimisant bien sur la hauteur de la plaque ou de la bande utilisée.

Maintenant, on va présenter notre algorithme et on va discuter son implémentation pour le problème de placement orthogonal des rectangles.

L'algorithme proposé commence par définir une fonction de fitness adéquate à ce problème, puis par construire une population de configuration initiale. Un opérateur de croisement est alors utilisé pour produire de nouveau une population entière après permutations.

L'algorithme Tabou est ensuite appliqué à cette nouvelle population pour améliorer la solution obtenue par croisement pour un nombre fixé d'itérations. Puis, on applique la sélection

Fonction – Fitness :

Pour l'algorithme génétique, l'évaluation du modèle de placement est nécessaire. Ce ci est représenté par une fonction de fitness approprié f : $\pi \rightarrow R+$ avec la propriété $f(\pi_i) > f(\pi_j)$ si π_i est un modèle de placement plus meilleur que π_j.

Le comportement de l'approche de la fonction de fitness est inversement proportionnel à la hauteur du modèle de placement : $f(\pi) = 1/h(\pi)$;

Où $h(\pi)$ est la hauteur du modèle de placement correspondant à la permutation π crée par l'algorithme **BL**

$$\pi\ 1 = \{-1, 3, -2, 4\} \qquad\qquad \pi\ 2 = \{-1, 2, 3, 4\}$$

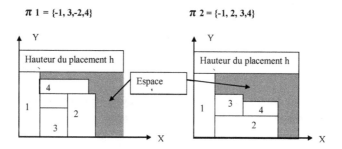

Figure a : Espace perdu dans les deux cas

La figure a représente deux arrangements possibles avec la même hauteur mais différents en qualité, leurs valeurs de fitness ne doivent pas être égales. Avec la précédente définition de la fonction de fitness : $(f(\pi) = 1/h(\pi))$ si deux modèles de placement ont la même hauteur, leurs valeurs de fitness sont égales, même si un arrangement est meilleur que l'autre (Figure a).

Pour cette raison, il est nécessaire de définir une fonction de fitness plus valable.

A partir de l'étude de la figure a, il est clair que $\pi2$ est meilleure que $\pi1$ car l'espace restant dans la configuration résultante est plus meilleur dans $\pi2$. Avec cette comparaison, on propose la fonction de fitness suivante :

$$F(\pi) = H(\pi) + \text{Aire (l'espace de perte résultant)} / h(\pi) * \text{largeur}$$

Avec :

- $H(\pi) = H - h(\pi)$, où H est une grande valeur de hauteur donnée qui assure que $H(\pi)$ est une valeur positive.

- $h(\pi)$ est la hauteur du modèle de placement correspondant à la permutation π.

Aire (espace de perte résultant) est l'aire de l'espace restant dans le modèle de placement (l'arrangement) correspondant à la permutation π.

- Largeur : est la largeur du rectangle principal, donnée.

- $h(\pi)$ * largeur est l'aire du rectangle occupé par les rectangles placés.

Initialisation :

Il est évidement connu que les algorithmes génétiques travaillent (fonctionnent) avec m objets. Ici, les m objets sont m permutations : $\pi_1, \pi_2, \ldots\ldots, \pi_m$.

A chaque arrangement est assignée sa propre valeur de fitness : $f_i = f(\pi_i)$; $i=1,2,\ldots\ldots m$.

On note la permutation π_i et sa fitness f_i ensemble comme individu A_i : $A_i = (\pi_i, f_i)$.

L'ensemble des individus représente la population qui est généralement nommée population des parents. Ils sont initialisés aléatoirement dans cette partie.

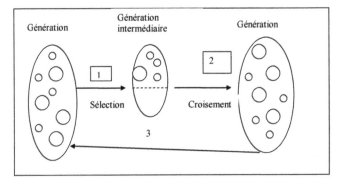

Figure b : Représentation schématique du fonctionnement de notre algorithme

Croisement :

Le croisement dans ce cas est un peu spécial car il faut respecter l'unicité des pièces. Les individus de la population courante des parents sont aléatoirement répartis pour former m/2 pair de parents. Chaque paire crée deux nouveaux descendants (permutations) avec l'opérateur de croisement. Le processus de création est comme suit :

Supposons πi, πj sont deux permutations d'une paire d'individus parents, et πi nouv ; πj nouv sont deux nouvelles permutations crées par croisement.

D'abord deux nombres aléatoires P1 et P2 $1 \le$ P1, P2$\le$n   sont sélectionnés. A la position aléatoire P1, l'opérateur de croisement copie P2 éléments de πi pour le début de πi nouv et copie P2 éléments de πj pour le début de πj nouv. (Le signe moins désigne une rotation de 90°). Puis, πi nouv est remplie (complétée) avec les autres éléments de πj dans le même ordre, πj nouv est complétée avec les autres éléments de πi dans le même ordre.

Par exemple : $\pi i = \{1,-2, 3, 4,-5,6\}$ et $\pi j = \{-6, 4, 2, 5,-3,1\}$;

Si (P1 = 2, P2 = 3) alors

π_i nouv (1) = πi (P1) = πi (2) = -2 ;

π_i nouv (2) = πi (P1+1) = πi (3) = 3 ;

π_i nouv (3) = πi (P1+2) = 4 ;

π_i nouv (4) = πj (1) = -6 ;

π_i nouv (5) = πj (4) = 5 ;

πi nouv (6) = πj (6) = 1 ;

Donc, πi nouv = {-2, 3, 4,-6, 5,1}. En utilisant la même méthode, πj nouv = {4,2, 5, 1, 3,6}. Avec le processus de croisement, on peut obtenir m nouvelles permutations en total. En effet, notre algorithme étant conçu de façon à ce que chaque couple d'individus parents donne naissance à deux descendants, nous aboutissons à nouveau à une population entière après m permutations.

Opérateur de mutation :

Pour l'opérateur de mutation il est très simple, il s'agit de permuter deux pièces d'un chromosome. Le chromosome généré est ajouté à la population de la génération en cours.

Cet opérateur agit sur les chromosomes parents et sur les chromosomes enfants de telle sorte qu'on favorise plus de possibilité pour parcourir l'espace de solutions. La figure 3.7 donne un exemple de mutation.

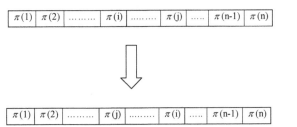

Figure 3.7 : **Un exemple de mutation (une permutation des indices i et j)**

Les indices i et j sont choisis aléatoirement.

De même la probabilité de mutation est $p_m = 0.5$ (c'est-à-dire que parfois on l'applique et parfois non).

Algorithme de recherche Tabou :

La méthode de recherche Tabou qui est une méthode de recherche locale se montre très performante sur un nombre considérable de problèmes d'optimisation combinatoire ; en particulier les problèmes de découpes ; voire même les découpes guillotines, chose qui est validée par notre approche.

La recherche Tabou [Glo 95] considère un ensemble de points voisins du point courant ; puis le meilleur voisin, dans cet ensemble, est choisi pour être le point courant suivant, même s'il est de qualité inférieure au point courant précédant. Cependant, cette stratégie a tendance à revenir sur des points déjà visités ; c'est pourquoi la méthode Tabou utilise une mémoire à court terme : *la liste taboue*. Cette liste conserve une information sur les dernières itérations de l'algorithme qui permet de se prémunir contre les cycles courts. De plus, la recherche Tabou intègre un mécanisme, appelé *aspiration*, qui sélectionne un voisin que la liste Tabou rend inaccessible. Généralement, seuls les points d'une qualité inégalée depuis le début de la recherche, sont sélectionnés par l'aspiration. Souvent, la recherche se poursuit jusqu'à ce qu'un nombre donné d'itérations soit effectué ; néanmoins d'autres critères d'arrêt peuvent être appliqués.

Pour cela, on considère l'ensemble X formé par n chromosomes formés de pièces rectangulaires. On adopte comme transformation élémentaire le changement d'un chromosome par l'un de ses voisins.

On définit sur x une fonction f qui est la fonction de fitness dont les valeurs sont calculées.

Soit T i, j (avec $(i, j) \in \{1..n\} * \{1..n\}$; $i \neq j$) la transformation qui consiste à changer le chromosome i par le chromosome j.

Dans la méthode Tabou, le déplacement d'une solution courante π_k (avec $\pi k = T^n i, j$ à l'étape k) vers une solution voisine π_k est choisi de telle sorte que : $f_k (= f(\pi'_k)) = \min f'$ k avec $\pi''_k \in N(\pi_k)$.

$N(\pi_k)$ le voisinage d'une solution $\pi_k \in X$.

X est l'espace des solutions admissibles.

Tant que l'on ne se trouve pas dans un optimum local, le Tabou se comporte comme la méthode de descente et améliore à chaque étape la valeur de la fonction de fitness.

Lorsqu'on atteint <u>un optimal local</u>, il faut choisir le moins mauvais des voisins (un accroissement aussi faible que possible de la fonction de fitness)

L'inconvénient est que si un minimum local (π_k) se trouve au fond d'une vallée profonde, il sera impossible de ressortir de celle-ci en une seule itération.

Un déplacement de la solution π_k vers une solution $\pi'_k \in N(\pi_k)$ avec $f_k > f_k$ peut provoqué le déplacement inverse à l'itération suivante ($\pi_k \in N(\pi'_k)$ et $f(\pi_k) < f(\pi'_k)$)

(Création d'un cycle autour de ce minimum local).

La méthode Tabou conserve à chaque étape une liste T de solutions « Taboues », vers les quelles il est interdit de se déplacer momentanément. L'espace nécessaire pour enregistrer un ensemble de solutions (Taboues) peut s'arriver important en place mémoire.

Il est donc préférable d'interdire un ensemble de mouvements qui ramèneraient à une solution déjà visitée (mouvement tabou).

Il ne faut pas changer un chromosome i (CHR i) avec le chromosome j (CHR j) puis, de nouveau remplacer (CHR j) par (CHR i).

La fonction d'aspiration :

Lors du choix de la meilleure solution $\pi'_k \in N(\pi_k)$.

Il est possible d'avoir plusieurs candidats donnant une même valeur à la fonction de fitness, mais ne nous dirigeons pas tous vers un optimum global, il est souhaitable de choisir π_k déjà visitée a fin d'explorer une nouvelle région voisine de π_k.

La fonction d'aspiration est définie sur toutes les valeurs de la fonction de fitness.

Lorsque une solution π'_k voisine de la solution π_k fait partie de T et satisfait de plus l'aspiration ($f'_k < A(f_k)$) on lève le statut Tabou de cette solution π'_k.

En général, $A(f_k)$ prend la valeur de la meilleur solution π_{k*} rencontrée (on « aspire » donc à déterminer une solution meilleure que π_{k*}).

La condition d'arrêt : Max loops itérations atteint entre deux améliorations de la meilleure solution π_{k*} rencontrée et la fonction des fitness est proche d'une borne inférieur f.

- **Opération de sélection :**

La sélection a pour objectif la conservation des meilleurs individus par analogie avec la nature. Pour les algorithmes génétiques l'orientation n'est pas la même car on peut tomber dans des optima locaux, pour cela on va définir une méthode de sélection qui autorise le choix des individus moins puissants mais qui peuvent générer des solutions proche de l'optimum. Le gagnant sera qui a la meilleure évaluation.

La méthode de sélection utilisée est celle **par tournoi**. Rappelons qu'elle consiste à comparer deux chromosomes et à ne garder que le meilleur des deux. La démarche est comme suit : au début on choisit aléatoirement deux chromosomes (parents) et on applique la sélection par tournoi pour garder le meilleur chromosome P1 (parent P1), et on applique la même procédure pour déterminer le deuxième parent P2.

La procédure utilisée pour la sélection d'un chromosome (parent) P est la suivante :

1. (P1, P2) = aléatoire ($| n |$).

2. P = par Tournoi (P1, P2).

Algorithme génétique

Paramétrer l'algorithme génétique
Générer aléatoirement la première génération

Gen0 = {π_1, π_2, ..., π_n} ;

/*Chacune des π_i désigne une fonction de permutation*/

i=0 ;

Evaluation de la première génération Gen0

Tant que critère d'arrêt non atteint faire
    i :=i+1 ;

    //Sélection des chromosomes par tournoi :

    <u>*Pour*</u> *j de 1 à n/2 faire*

            Tirer aléatoirement deux chromosomes π_k et π_l de Gen$_{i-1}$

            Evaluer π_k
            Evaluer π_l

            Choisir le chromosome gagnant (disant π_l)
            Ajouter π_l à Gen$_i$
    <u>*Fin Pour*</u>

    /* Croiser les éléments de Gen$_i$*/
    <u>*Pour*</u> *p de 1 à n/2 faire*

    Choisir aléatoirement deux chromosomes π_k et π_l de Gen$_i$
    Croiser π_k et π_l
    Ajouter les enfants à Gen$_i$
    <u>*Fin Pour*</u>

III.9.2. Complexité de l'algorithme hybride proposé :

Pour le calcul de la complexité de l'algorithme, nous supposons qu'on a T cycles et m individus et nous essayons de découper une plaque (bande) de n chromosomes. Nous concluons que la complexité au pire des cas, de l'algorithme est de l'ordre de O (T.m.n^2). Si nous utilisons une taille de population m très proche de n, on aura une complexité de O (n^3).

III.X. Conclusion

Dans ce chapitre, nous avons présenté notre algorithme hybride proposé qui combine l'algorithme génétique au problème de découpe guillotine (PDG).

L'approche évolutive des algorithmes génétiques est parmi les méthodes les plus puissantes. Pour évaluer la stratégie conçue, il faut effectuer des tests pour évaluer l'efficacité de notre méthode et ses performances.

Chapitre 4

Etude expérimentale

Le but de ce chapitre étant de tester nos implémentations. On s'attaque aux résultats de la première approche qui se base uniquement sur l'algorithme génétique classique (croisement, mutation, sélection). Enfin, on présente les résultats de notre nouvelle méthodologie utilisée basée sur l'hybridation (croisement, tabou, sélection) pour pouvoir conclure quant à l'apport de cette approche pour le problème de découpe guillotine (PDG). Et nous terminons par dégager les performances de cet algorithme hybride.

IV.1. Environnement de programmation :

Ce travail a été réalisé à l'école nationale des sciences de l'informatique au sein du département de l'informatique fondamentale. Nous avons utilisé le langage de programmation C# sous le système d'exploitation Windows XP pour l'implémentation de l'algorithme proposé, en utilisant le VisualStudio2005.

IV.1.1. Plateforme logicielle :

Ce travail a été réalisé avec les logiciels suivants :

Logiciel	Fonction	Version
Windows XP	Système d'exploitation	Service Pack 2
C#	Langage de programmation	2.0
VisualStudio	Environnement de travail	2005

Tableau 4.1 : **Environnement logiciel**

IV.1.2. Plateforme matérielle :

Ce travail a été réalisé avec le matériel suivant :

Un PC :

- Pentium IV 2Ghz
- Disque dur 120Go
- Mémoire 256 Mo.

Cette configuration logicielle et matérielle nous a aidés à implémenter notre solution tout en respectant le compromis entre l'efficacité et l'ergonomie de l'environnement. Grâce à ces paramètres nous avons montré les points forts d'un algorithme génétique selon la méthode choisie (Tabou ou mutation).

On va maintenant étudier quelques caractéristiques de notre application tout en présentant quelques imprimes écran et en donnant quelques statistiques qui montrent les meilleurs paramètres pour chaque configuration de l'algorithme génétique hybride étudié.

IV.2. Tests et résultats numériques :

IV.2.1. Les paramètres de l'algorithme :

Nous avons testé de nombreuses valeurs pour chaque paramètre en fixant tous les autres. Tous les tests sont effectués avec un nombre de générations égal à 50 et un nombre de chromosomes égal à 20. Les pièces sont générées aléatoirement, tout en spécifiant leur densité (nombre de pièces dans chaque chromosome). Nous avons généré des chromosomes de densité égale à 30 et 50 pièces.

IV.2.2. Influence de la taille de la population :

Un ensemble d'expériences sont exécutées afin de révéler l'impact du nombre de chromosomes sur la performance du processus de résolution.

Nombre de chromosomes	Hauteur maximale (H_{max})	Statistiques (%)
20	322	78,68
40	327	82,55
60	301	87,80
80	370	87,10
100	306	86,8
120	311	82,22

Tableau 4.2 : **Résultats suivant la taille de la population**

IV.2.3. Temps d'exécution :

Le temps d'exécution de l'algorithme hybride, dépend essentiellement de la taille du problème, en d'autres termes, la taille de la liste taboue. En effet, plus que cette taille est grande, plus que le temps d'exécution est plus grand ainsi que l'espace mémoire nécessaire est plus important.

On note également que le temps de calcul est proportionnel à la taille de la population, plus on augmente le nombre de chromosomes, plus le temps de calcul augmente.

IV.2.4. Résultats de l'algorithme génétique classique :

Ces résultats (figure 4.1) montrent l'exécution générée par l'algorithme génétique classique pour une population de 20 chromosomes à travers 50 générations. Les résultats sont :

$H_{max} \approx 321$ et 77,88% de l'espace est utilisé.

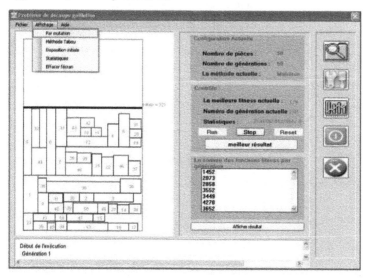

Figure 4.1 : simulation de l'AG classique

On remarque bien que dans cet exemple, les résultats rendus pour les statistiques ainsi que pour la hauteur utilisée ne sont pas optimaux.

Les résultats suivants montrent l'exécution générée par l'algorithme génétique classique pour une population de nombre de chromosomes égal à 20 ou 40 et de 50 ou 100 générations. Les résultats sont :

Nombre de générations	Nombre de chromosomes	Statistiques (% de l'aire utilisé/l'aire totale)
50	20	88,97
50	40	87,00
100	20	90,91
100	40	89,91

Tableau 4.3 : Résultats sur 20 pièces

Nombre de générations	Nombre de chromosomes	Statistiques (% de l'aire utilisé/l'aire totale)
50	20	83,89
50	40	89,29
100	20	85,91
100	40	87,72

Tableau 4.4 : Résultats sur 30 pièces

D'après ces deux tableaux, on observe que les résultats générés ne sont pas très attrayants du point de vue taux d'utilisation.

IV.2.5. Résultats de l'hybridation :

Ces résultats (figure 4.2.6) montrent l'exécution générée par l'algorithme hybride avec les mêmes paramètres que celui de l'AG classique. Les résultats sont : $H_{max} = 318$ et 81.69% de l'espace est utilisé.

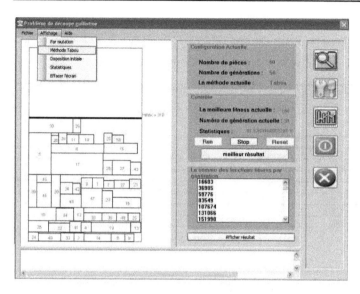

Figure 4.2 : simulation de l'algorithme hybride

En appliquant l'algorithme génétique hybride aux mêmes exemples vus ci-dessus et avec les mêmes paramètres (nombre de générations, nombre de chromosomes par génération) que l'algorithme classique on remarque bien la différence et le profit apporté par cette version de l'algorithme génétique :

Nombre de générations	Nombre de chromosomes	Taille de la liste Tabou	Nombre d'itérations Tabou	Statistiques (% de l'aire utilisé/l'aire totale)
50	20	5	10	91, 33
50	20	20	30	90,34
50	40	5	10	90,91
50	40	20	30	90,51
100	20	5	10	82,24
100	40	20	30	85,32
100	20	20	30	83,33
100	40	5	10	90,58

Tableau 4.5 : Résultats sur 20 pièces

Ces résultats montrent qu'il est suffisant de prendre 50 générations, 20 chromosomes, taille de liste Tabou 5 et Nombre d'itérations 10.

Dans le tableau ci-dessous nous verrons les résultats sur 30 pièces.

Nombre de générations	Nombre de chromosomes	Taille de la liste Tabou	Nombre d'itérations Tabou	Statistiques (% de l'aire utilisé/l'aire total)
50	20	5	10	92,97
50	20	20	30	90,58
50	40	5	10	91,24
50	40	20	30	93,61
100	20	5	10	91,24
100	40	20	30	90,97
100	20	20	3O	89,61
100	40	5	10	90,58

Tableau 4.6 : Résultats sur 30 pièces

Dans le tableau ci-dessous nous verrons les résultats sur 50 pièces.

Nombre de générations	Nombre de chromosomes	Taille de la liste Tabou	Nombre d'itérations Tabou	Statistiques (% de l'aire utilisé/l'aire totale)
50	20	5	10	90,91
50	20	20	30	89,29
50	40	5	10	81,43
50	40	20	30	94,46
100	20	5	10	85,91
100	40	5	10	92,94
100	20	20	30	86,51
100	40	20	30	92,59

Tableau 4.7 : Résultats sur 50 pièces

On remarque bien que d'une part, cette approche offre un résultat optimal vis-à-vis de la réalité. Et d'autre part elle donne des résultats beaucoup plus meilleurs que ceux générés par le précédant algorithme (AG classique).

Ces expériences montrent l'efficacité de l'algorithme hybride en prenant comme valeurs communes des paramètres : 50 générations, 40 chromosomes, 30 itérations Tabou et 20 éléments de la liste Tabou.

IV.2.6. Influence de la longueur de la liste Tabou :

Nous avons testé de nombreuses valeurs pour chaque paramètre en fixant le nombre de chromosomes égal à 40, les pièces sont générées aléatoirement. Chaque expérience est simulée 10 fois dans le but d'effectuer des statistiques à propos de l'évolution moyenne de l'algorithme.

La longueur de la liste Tabou est ajustée dynamiquement par une fonction définie par la longueur du voisinage : $L = \alpha * n$; avec n est la taille de la liste tabou qui est changée plusieurs fois (5, 10, 20, 30, 40) opérations, et α est une variable qui fait varier la longueur de la liste tabou (5, 10, 20).

Les tableaux suivants montrent les résultats des tests effectués en faisant varier à chaque fois la valeur de α .

Nombre de chromosomes	n	Statistiques (% de l'aire utilisé/l'aire totale)
40	5	88,51
40	10	90,06
40	20	95,14
40	30	95
40	40	92,02

Tableau 4.8 : Résultats avec α=5.

Nombre de chromosomes	n	Statistiques (% de l'aire utilisé/l'aire totale)
40	5	93,76
40	10	93
40	20	92,86
40	30	96,88
40	40	93,18

Tableau 4.9 : Résultats avec α=10.

Nombre de chromosomes	**n**	Statistiques (% de l'aire utilisé/l'aire totale)
40	5	89,95
40	10	88,14
40	20	90,45
40	30	92,63
40	40	92

Tableau 4.10: Résultats avec α=20.

Nous avons trouvé des meilleurs résultats avec la taille 30 et avec $\alpha = 10$.

Le critère d'arrêt est : le nombre maximal d'itérations est atteint. La taille de la liste taboue est automatiquement inférieure au nombre d'itérations.

Nous avons effectué des tests en faisant varier à chaque fois le nombre maximal d'itérations Maxiter et nous avons trouvé qu'à partir de 50 le résultat ne change plus. C'est pour cela on va fixer Maxiter à 50.

IV.2.7. Comparaison des résultats :

Les deux algorithmes ont été codés en C++, et les tests ont été effectués sur un PC 2Ghz.La figure 4.3 exprime les différents aspects des deux approches. On constate que, l'algorithme hybride permet d'obtenir un plan de découpe guillotine aboutissant à un gain appréciable par rapport aux résultats donnés par l'algorithme génétique classique, dit aussi « AG classique ». D'autre part, nous pouvons estimer que la valeur du gain moyen apporté par l'utilisation de l'algorithme hybride est beaucoup plus importante que celle donnée par l'AG classique. Ce gain est l'écart exprimé en pourcentage des chutes générées par l'algorithme hybride et celles générées par l'AG classique.

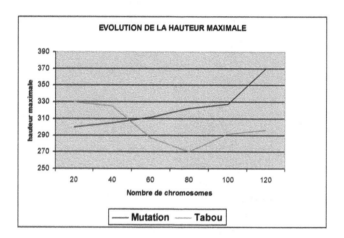

Figure 4.3: évolution de la hauteur maximale en
fonction des deux méthodes (tabou, mutation).

Si l'on veut interpréter ces résultats du point de vue des formes des pièces (aplaties,
plus ou moins carré ou allongées), nous pouvons voir que l'algorithme hybride donne de
meilleurs résultats si les pièces sont de formes allongées. En effet, l'idée principale de notre
algorithme était de remplir aux mieux l'espace inutilisé (vide) laissé dans chaque couche.
C'est à ce niveau ou L'algorithme hybride intervient de manière très efficace, par rapport à
l'algorithme génétique classique, et permet de remplir au mieux les espaces vides, et donc de
minimiser la hauteur utilisée, l'un de nos critères d'optimisation.

Donc, d'une façon générale, il est très intéressant de manipuler les paramètres de
l'algorithme génétique, outil d'hybridation de l'algorithme tabou, par un autre algorithme
génétique.

En effet, les paramètres de l'AG sont négociables. D'une part, la taille de la population
et le nombre de générations peuvent avoir une main dans l'amélioration du processus
d'évaluation.

D'autre part, la probabilité de mutation peut éloigner, au cours du processus de l'évolution, les individus inférieurs en termes de performance, comme aussi et tout accidentellement, peut empêcher la survie des meilleurs d'une population, ce qui est tout à fait défavorisant en termes de rentabilité de l'outil génétique.

IV.3. Conclusion

Dans ce chapitre, nous avons étudié une variante du problème de découpe à deux dimensions, appelé problème de « strip packing », dont le but est de placer sans chevauchement un ensemble de pièces dans une bande de largeur fixe et de hauteur supposée infinie. L'objectif étant de minimiser la hauteur totale utilisée pour contenir toutes les pièces, tout en respectant la contrainte guillotine imposée par l'outil de coupe. Un tel problème est très répandu dans l'industrie du bois (contre-plaqué) et l'industrie de découpe de verre. Une série d'expérimentations et de tests est faite sur un ensemble de cas, de différents paramètres dans ce chapitre. D'abord, nous avons présenté une interface graphique qui permet à l'utilisateur de saisir ses paramètres voulus parmi plusieurs choix disponibles. Puis, nous avons présenté une solution avec l'algorithme génétique classique et on a enregistré les résultats donnés par cet algorithme.

Nous avons étudié, dans la deuxième étape, le comportement de l'algorithme hybride sur la même instance générée précédemment avec l'algorithme génétique classique tout en gardant les mêmes paramètres (nombre de pièces, nombre de générations, nombre d'itérations). Du point de vue résultats numériques, l'algorithme hybride donne des résultats nettement meilleurs que celui de l'algorithme génétique classique.

Nous nous sommes intéressés, dans la troisième étape à une étude comparative des résultats numériques donnés par chacun des deux algorithmes. Cette comparaison a montré l'efficacité de notre approche.

Donc, l'optimisation continue de l'approche de la méthode taboue s'avère d'un intérêt immense vu que son hybridation par l'algorithme génétique nous garantit immédiatement et dans la plupart des cas testés une haute performance des résultats exprimée par les gains cumulés. Cette approche consiste à adapter l'algorithme hybride.

Conclusion & Perspectives

Ce travail est l'occasion de mieux découvrir les algorithmes évolutionnistes, notamment les algorithmes génétiques et les algorithmes hybrides qui combinent deux algorithmes. Nous nous sommes particulièrement intéressés au fameux problème de placement et de découpe à deux dimensions ; tout en respectant la contrainte guillotine. Ce problème concerne aux mieux de la matière brute afin de contrôler les coûts engendrés lors de la production des pièces.

Le premier chapitre a été consacré à la présentation des problèmes de découpe et de placement et de leur diversité à travers une étude bibliographique. Ces problèmes présentent une contrainte majeure, dite contrainte guillotine qui est imposée par les caractéristiques de l'outil de coupe. Cette contrainte a été définit en présentant une caractérisation analytique de cette dernière.

Le deuxième chapitre a été dédié à l'étude des algorithmes génétiques. Nous avons défini les algorithmes génétiques. Nous avons proposé les types de codage, le décodage, le principe des algorithmes génétiques et comment peut on générer une population.

Dans ce chapitre, nous avons donné un aperçu rapide sur les méthodes hybrides, les niveaux d'hybridation, les modes de l'hybridation et les classes d'hybrides.

Dans le troisième chapitre, nous avons présenté notre algorithme hybride proposé qui combine l'algorithme génétique et la méthode Tabou ; au problème de découpe guillotine (PDG). Nous avons présenté la complexité de cet algorithme.

Dans le quatrième chapitre, nous avons implémenté l'algorithme hybride proposé appliqué au problème de découpe guillotine en utilisant la méthode de recherche Tabou comme opérateur de mutation pour l'algorithme génétique. En second lieu nous avons fait des tests de performance de notre algorithme en comparant les résultats donnés par cet algorithme par rapport aux résultats donnés par l'algorithme génétique classique afin de valider notre application. Les tests de performance ont montré l'efficacité de cette méthode. Cependant, malgré ses performances satisfaisantes, nous sommes loin de clamer que notre algorithme est une panacée.

Une perspective intéressante est l'étude de la performance au pire cas de ces deux méthodes.

Un des avantages de ce travail est que, grâce à ce type d'applications, on comprend l'étendu de l'application de l'intelligence artificielle généralement et de l'approche évolutionniste spécialement. Aussi, c'est l'occasion de souligner l'importance des travaux sur les paysages adaptatifs et l'intérêt de leur apport dans la compréhension du fonctionnement des heuristiques en optimisation combinatoire.

Une des perspectives, est la possibilité d'apporter des améliorations à cette application en intégrant un autre algorithme génétique qui vise à optimiser les paramètres de l'AG utilisé comme outil d'hybridation et de mieux affiner le paramétrage de notre algorithme.

En plus, une amélioration possible de l'application serait une parallélisation de l'algorithme hybride. En effet, cette technique s'avère prometteuse du point de vue optimisation du temps de calcul et de l'espace mémoire. Une perspective intéressante est de les améliorer.

Autre perspective est l'étude des problèmes de découpe sur un ensemble de plaques de formes différentes.

Annexe A :

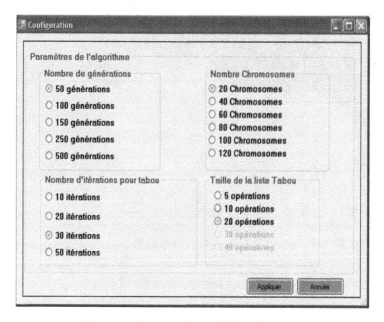

Figure 1 : Le menu principal de l'application :

Grâce à ce menu l'utilisateur peut accéder aux différents paramètres de l'application à savoir :

✓ Le choix du nombre de générations ;

✓ Le choix du nombre de chromosomes à mettre en œuvre ;

✓ Le choix du nombre d'itérations pour tabou ;

✓ Le choix de la taille de la liste tabou.

En effet, ce menu permet aux utilisateurs l'ajustement des paramètres de l'algorithme afin d'obtenir les paramètres optimaux qui donnent des bons résultats.

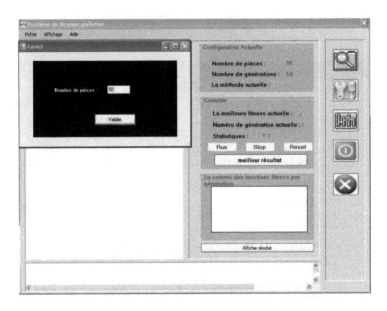

Figure 2 :Le menu des actions :

Ce menu offre à l'utilisateur la possibilité de saisir ou de modifier (ajouter/diminuer) le nombre de pièces de chaque chromosome relativement au problème traité en accédant au champ Nombre de pièces dans l'option Form2 et taper le nombre désire puis valider.

Le nombre de pièces saisi par l'utilisateur sera affiché directement dans l'option configuration actuelle.

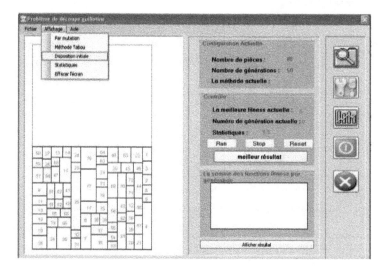

Figure 3 : Disposition initiale

Ce menu représente un exemple de disposition initiale de 80 pièces tout en respectant la contrainte guillotine. Le nombre de générations est égal à 50.

L'option contrôle nous permet de déterminer, lors de chaque arrêt de l'exécution ou à la fin de l'exécution, la valeur de la meilleur fitness, le numéro de la génération actuelle, ainsi que les statistiques relatives à cette exécution.

La commande, meilleur résultat nous permet d'afficher le meilleur résultat trouvé tout au long de l'exécution.

La commande « afficher le résultat » nous permet d'afficher le résultat de l'exécution suite à un arrêt de l'exécution sans que celle-ci soit achevée.

Annexe B :
Les principaux algorithmes

I. Introduction :

Dans cet annexe on essaye de mettre en évidence les principales procédures qui ont participés pour la résolution de notre problème (problème de découpe guillotine) sous la forme des pseudos codes et suivant le champ d'application : procédures de l'algorithme génétique proprement dite et ceux qui sert à disposer les pièces pour une configuration donnée.

II. L'algorithme génétique :

Dans cette section on va définir les principales procédures mises en jeu pour gérer les différentes phases d'un algorithme génétique.

II.1. Opérateur de croisement :

L'opérateur de croisement a un rôle primordial dans la génération des chromosomes et ceci est fait par le choix de deux parents aléatoirement et leur reproduction afin de produire deux chromosomes enfants qui seront ajoutés à la génération pour être mis pour le test.

Croisement (DONRES Chromosome C1, DONRES Chromosome C2)

<u>Début</u>
```
Random rnd = new Random();

        max1,max2 :entier;
        j1, j2 : entier;
        trouvee1, trouvee2:booleen;
        p1, p2 :entier ;//servent pour contenir des nombres aléatoires

        Chromosome Aux1=C1;
        Chromosome Aux2=C2;

        p1 = (int)rnd.Next(1, n), p2 = (int)rnd.Next(1, n);/*cette
        fonction génère un nombre aléatoire entre 1 et n */

        /*Ce premier boucle remplie les p2 premiers éléments de chaque
        parent dans les enfants (Aux1 dans C1 et Aux2 dans C2) en
        partant de l'indice p1

        for (int i = p1; i < p1+p2; i++)
        {
            if (i < n)
            {
                C1.ListePièces[i - p1] = Aux1.ListePièces[i];  /*La
                liste des pièces est un élément de la structure
                chromosome et contenant toutes les pièces */
                C2.ListePièces[i - p1] = Aux2.ListePièces[i];
```

```
        }
        else
        {
            C1.ListePièces[i - p1] = Aux1.ListePièces[i - n];
            C2.ListePièces[i - p1] = Aux2.ListePièces[i - n];
        }
        //C2.ListePièces[i] = Aux.ListePièces[i];
    }
/*Maintenant on va remplir les n-p2 éléments restants*/
        max1 = p2;
        max2 = p2;
/*pour chaque élément présent dans le parent Aux₁ et non présent dans
l'enfant C₁ est ajouté à ce dernier*/

        for (int i = 0; i < n&&(max1<n||max2<n); i++)
        {
            trouvee1 = false;
            trouvee2 = false;
            j1 = 0;
            j2 = 0;
            if (max1 < n)
            {
                while ((j1 < p2 && !trouvee1))
                {

                    if (C1.ListePièces[j1] == Aux2.ListePièces[i])
                    {
                        trouvee1 = true;
                    }
                    else //if (!trouvee1)
                    {
                        j1++;
                    }

                }
                if (j1 == p2)
                {
                    C1.ListePièces[max1] = Aux2.ListePièces[i];
                    max1++;
                }
            }
            if (max2 < n)
            {
                while ((j2 < p2 && !trouvee2))
                {
                    if (C2.ListePièces[j2] == Aux1.ListePièces[i])
                    {
                        trouvee2 = true;
                    }
                    else //if (!trouvee2)
                    {
                        j2++;
                    }
                }
                if (j2 == p2)
                {
                    C2.ListePièces[max2] = Aux1.ListePièces[i];
                    max2++;
                }}  }
```

Fin

II.2. Opérateur de Mutation :

Mutation (DONEES C)
Debut
```
int n = Chromosome.taille;
Pièce Aux = 0;
Random rnd = new Random();
int p1 = (int)rnd.Next(1, n), p2 = (int)rnd.Next(1, n);
Aux = C.ListePièces[p1];
C.ListePièces[p1] = C.ListePièces[p2];
C.ListePièces[p2] = Aux;
```
Fin

II.3. Opérateur Tabou :

Tabou ()
Début
```
Random rnd = new Random();
p1, p2:entier;
n :entier = nombreChromosomes;
compteur :entier = 0;
double fitness = 0;
Aux :entier ;
            int taille = ChromosomeIndexe.taille;

            ArrayList ListeOperations = new ArrayList(4);
            ArrayList ListeTabou = new ArrayList();

            //ChromosomeIndexe Chr2 = new
ChromosomeIndexe((ChromosomeIndexe)génération[p1]);
            ChromosomeIndexe Chr1 = new ChromosomeIndexe(Chr);

            while (compteur < nbreItérationsTabou)
            {
                p1 = rnd.Next(1, taille);
                p2 = rnd.Next(1, taille);

                if (!trouvee(p2, p1))
                {
                    Chr1 = new ChromosomeIndexe(Chr);
                    Aux = (int)Chr1.ListePièces[p1];
                    Chr1.ListePièces[p1] = (int)Chr1.ListePièces[p2];
                    Chr1.ListePièces[p2] = Aux;
                    op = new operation();
                    op.p1 = p1;
                    op.p2 = p2;
                    e.Disposition(ref Chr1, Plaque.L, Plaque.H);
                    if (e.Fitness(ref Chr1, Plaque.L, Plaque.H) > fitness)
                    {
                        fitness = e.Fitness(ref Chr1, Plaque.L, Plaque.H);
                        Chr = new ChromosomeIndexe(Chr1);
                    }
                    if (listeOpérations.Count >= nbreOpérations)
                    {
                        listeOpérations.RemoveAt(0);
                    }
                    listeOpérations.Add(op);
                    compteur++;
```

```
                    }
            }
            Chr = new ChromosomeIndexe(Chr1);
            e.Disposition(ref Chr, Plaque.L, Plaque.H);
    }
```
Fin

II.3. Opérateur Sélection :

Sélection()
```
{
    int n = Génération.Count;
/*1'entier n prend le nombre de chromosomes par génération*/

    int k = Population.nombreChromosomes;
/*1'entier k prend le nombre de chromosomes par génération */

    int j;
    bool stop = false;
    Random rnd = new Random();/*définit un entier aléatoire*/
    int p1,p2;/*servent à prendre des nombres aléatoires*/
    if (génération.Count > k)  /*Ici on exploit le génération.count parce
qu'on a besoin de tester ce nombre pour qu'il ne dépasse pas k (on n'a pas
utilisé n car n restera statique*/
    {
        while (!stop)
        {
        p1 = rnd.Next(1, génération.Count);/*p1 prend un nombre aléatoire
entre 1 et génération.count*/
        p2 = rnd.Next(1, génération.Count);
        if (p1 < p2)
        {
            Génération.RemoveAt(p2);
        }
        else if (p1 > p2)
        {
            Génération.RemoveAt(p1);
        }
        if (Génération.Count <= k)
        {
            stop = true;
        }
        }
    }
    if (Génération.Count > k)
    {
        for (int i = 0; i < n; i++)
        {
        j = i + 1;
        while ((j < Génération.Count) &&
                (Génération[j]).Fitness == Génération[i]).Fitness)
```
/*avec Génération[i] est le chromosome numéro i de cette génération*/
```
                {
                    Génération.RemoveAt(j);
```
/*La fonction RemoveAt(j) a pour rôle d'éliminer le chromosome numéro j de
la génération*/
```
                    j++;               }}}}
```

III. Evaluation d'un chromosome :
III.1. Disposition des pièces :

```
Disposition(ref Chromosome Chr,int Lmax, int Hmax)
{
    int Hc = 0;
    Htotal = Hc;
    int NumCouche = 0;
    int NbrePiecesPlacees = 0;
    int i=0 ;
    int n = Chr.ListePièces.Count;
    bool trouve = false;
```

> Disp est la liste qui va contenir les rectangles disponibles décrits dans le chapitre 2

```
    Disp.Add(new Disponible(0,0,Lmax, Hmax,1));
    for (int k = 0; k < n; k++)
    {
        Pièce piece = new Pièce();/*instancier une nouvelle pièce*/
        piece = Pièce.Recherche((int)Chr.ListePièces[k]);/* Recherche la pièce
d'indice ListePièces[k] avec ListePièces représente la permutation dans le
chromosome Chr qui est l'entré de cette procédure*/

        NbrePiecesPlacees++;
        i = 0;
        trouve = false;
```

> Count définit le nombre d'éléments d'une liste

```
        while ((i < Disp.Count) && (!trouve))
        {
          if ((Disp[i].Hauteur >= piece.Hauteur) && (Disp[i].Largeur >=
                piece.Largeur))
          {
            piece.X = Disp[i].X;
            piece.Y = Disp[i].Y;
            trouve = true;
          }
          else
          {
            i++;
          }
        }
        }
    if (trouve && Disp[0].Hauteur < Hmax)
    {
        for (int j = 0; j < Disp.Count; j++)
        {
            if (j != i)
            {
```

> La hauteur d'un rectangle disponible

> Cette fonction teste le chevauchement entre deux rectangles disponibles. Elle est défini dans la classe Disponible. Ici elle teste le chevauchement entre la disponible mère (Disp[j]) et la disponible entrée en paramètres (Disp[i]).

```
                if (Disp[j].Chevauchement(Disp[i])||
                        Disp[i].Chevauchement(Disp[j]))
                {
                  if (Disp[j].X <= Disp[i].X)
                  {
                    if (piece.Y + piece.Hauteur <= Disp[j].Y)
                    {
```

```
                        Disp[i].Hauteur = Disp[j].Y - piece.Y;
                        }
                    else
                    {
                     Disp[j].Largeur = piece.X - Disp[j]).X;
                    }
                }
            else
            {
             Disp[j].Hauteur = piece.Y - Disp[j].Y;
            }
        }
    }
}
/*La fonction Add ajoute u élément à la liste Disp */
Disp.Add(new Disponible(piece.X + piece.Largeur, piece.Y, Disp[i].Largeur -
piece.Largeur, Disp[i].Hauteur, Disp[i].NumCouche);

Disp.Add(new Disponible(piece.X, piece.Y + piece.Hauteur, Disp[i].Largeur,
Disp[i].Hauteur - piece.Hauteur, Disp[i].NumCouche);
Disp.RemoveAt(i);
sort(ref Disp);
}
else
{
  if (Disp[0].Hauteur == Hmax)
  {
    Disp.RemoveAt(0);
  }
  NumCouche++;
  piece.X = 0;
  piece.Y = Htotal;
  Hc = piece.Hauteur;
  Disp.Add(new Disponible(piece.X + piece.Largeur, piece.Y, Lmax -
  piece.Largeur, Hc, NumCouche));
  Htotal += Hc;
}
piece = null;
}
 Disp.Clear();
 Chr.Hmax = Htotal;
}
```

III.2. Calcul fitness:

double Fitness(DONRES Chromosome Chr, int Lmax, int Hmax)

```
{
   int taille = Population.ListePiècesInitiale.Count;/*Le nombre de pièces
dans la configuration actuelle*/

  int AireRestante =  Htotal * Lmax;;
  for (int i = 0; i < taille; i++)
  {
   AireRestante -= Population.ListePiècesInitiale[i].Hauteur *
     Population.ListePiècesInitiale[i].Largeur;
  }
```

Eléments définis dans la structure chromosome et qui représentent respectivement l'aire non utilisée de la plaque, l'aire utilisée et la hauteur maximale atteinte

```
Chr.AireRestante = AireRestante;
   Chr.AireTotaleUtilisee = Htotal * Lmax;
   if (Htotal < Hmax)
   {
      return Hmax - Htotal + AireRestante / (Htotal * Lmax);
   }
   else
   {
      return 0.0;
   }
}
```

www.ingramcontent.com/pod-product-compliance
Lightning Source LLC
LaVergne TN
LVHW042342060326
832902LV00006B/324